Maria Dübjohann

Ich leite einen Kindergarten

Anleitungen und Beispiele aus der Kindergartenpraxis

Reihe: Die Kindertagesstätte
Grundlagen – Inhalte – Methoden
Hrsg. von Josef Hederer

W0236482

DON BOSCO

Die Deutsche Bibliothek – CIP-Einheitsaufnahme

Dübjohann, Maria:
Ich leite einen Kindergarten : Anleitungen und Beispiele
aus der Kindergartenpraxis / Maria Dübjohann. –
1. Aufl. – München : Don Bosco, 1997
    (Reihe: Die Kindertagesstätte)
    ISBN 3-7698-0797-9

1. Auflage 1997 / ISBN 3-7698-0797-9
© 1997 Don Bosco Verlag, München
Umschlaggestaltung und Illustrationen: Felix Weinold
Gesamtherstellung: Salesianer Druck, Ensdorf

Gedruckt auf umweltfreundlichem Papier

Inhalt

Einführung 8

So wurde ich Leiterin im Kindergarten (fünf Beispiele) 10

Sie alle wollen etwas von mir 16

1. Pädagogische Arbeit 16

2. Mitarbeiterführung – Teamarbeit 17

3. Betriebsführung 17

4. Elternarbeit – Öffentlichkeitsarbeit 17

Aufgabenstruktur und Stellenbeschreibung
für die Kindergartenleiterin 18

Alles unter Dach und Fach. Der ideale Kindergarten 21

I. Das pädagogische Konzept 23

Möglichkeiten und Grenzen einer Konzeption 24

Pädagogische Schwerpunkte. Erziehen – Bilden – Betreuen 26

– Maria Montessori: „Hilf mir, es selbst zu tun" 27

– Waldorf-Pädagogik (Rudolf Steiner): „Vom Leben lernen" 28

– Janusz Korczak: „Das Recht des Kindes auf Achtung" 28

– Offener Kindergarten (Gerhard Regel): Das Kind ist Subjekt
seiner Entwicklung, ... Baumeister seines Lebens" 28

– Leitlinien der christlichen Erziehung 28

Konzeptionelle Inhalte 29

– Rahmenbedingungen 29

– Was wissen wir von der Lebenswirklichkeit, der Entwicklung
und den Bedürfnissen der Kinder? 29

– Was wissen wir von den Eltern? 31

– Was wissen wir von den Mitarbeiterinnen / Kolleginnen? 31

– Ziele / Leitlinien für die pädagogische Arbeit 32

– Spiel- und Erfahrungsprojekte 33

– Eltern als Partner 34

– Teamarbeit 34

– Öffentlichkeitsarbeit 35

– Fachpolitische Vertretung 35

Mustergliederung für ein Konzept 37

II. Das Leitungskonzept 39

✗ Leitungs-Kreis / Leitungs-Konzeption 41

Systematisch-logisches Denken und Handeln 42

– Die Grundfragen 42

– Die Tätigkeiten 42

Leiten durch Zielvorgaben 43

Leiten nach dem Prioritätsprinzip 45

– Eisenhower-Prinzip 45

Leiten durch Delegation von Verantwortung 47

Leiten durch Motivation 49

– Bedürfnisse der Mitarbeiter nach Maslow 51

Leiten durch Kommunikation und Kooperation 52

– Die vier Seiten einer Nachricht (nach F. Schulz von Thun) 53

– Hinderungsgründe für das Gelingen von Kommunikation 55

– Körperliche Botschaften in der Kommunikation 55

– Körpersprachliche Signale 56

– Kommunikationsgrundformen 57

– Fünf Freiheiten, die helfen können 58

Kooperation im Kindergarten 58

– Das Quadratespiel (nach T. Brocher) 60

III. Das Führungskonzept 62

Mitarbeiterführung und Teamarbeit 63

– Das Dilemma einer Führungskraft 63

1. Wichtige Aufgaben der Mitarbeiterführung 65

   Von der Kunst, andere zu loben 66

2. Ziele der Mitarbeiterführung und deren Integration im
   Führungskonzept 67

3. Teamentwicklung, Teamarbeit und Teamkultur 67

– Sechs Schritte zur Teamentwicklung 69

Betriebsführung und Aktenplanführung 70

– Information 71

– Organisation 72

– Aktenplanführung 74

– Differenzierter Aktenplan (konkreter Vorschlag) 75

Stellenbeschreibungen 81

– Stellenbeschreibung der Stellvertretenden Leiterin 81

  – Stellenbeschreibung der Gruppenleiterin 83
  – Stellenbeschreibung der Kinderpflegerin 84
Elternmitarbeit im Kindergarten 85
Öffentlichkeitsarbeit – Politik für Kinder 88
  – Informationsquelle Kindergarten 88

IV. Das Profil der Leiterin 91
Fünf Symbolbilder 92
  – Symbolbild: „Überlaufende Kanne" 92
  – Symbolbild: „Wasserhahn" 93
  – Symbolbild: „Offene Tür" 94
  – Symbolbild: „Hände" 94
  – Symbolbild: „Kirche" 95
Subjektkompetenz und Rollenklarheit 97
Fachkompetenz 98
Führungskompetenz 100
Repräsentationskompetenz 101

V. Weitere Hilfen und Unterstützung für die Leiterin
im Kindergarten 103
  – Fachberatung, Supervision und kollegialer Austausch 104
  – Fortbildungsthemen 104
  – Fachliteratur, Kontaktpflege und trotz allem:
    Freizeit und Entspannung 105

VI. Literaturliste 106

Jeder Kindergarten, ob er eingruppig oder mehrgruppig geführt wird, hat eine Leiterin oder einen Leiter.

Leiterinnen oder Leiter sind in der Regel ausgebildete Erzieherinnen / Erzieher mit mindestens drei- bis vierjähriger Berufspraxis. Für die besondere Situation der Leitungstätigkeit haben sie keine spezifische Einführung oder Ausbildung erfahren.

Fehlende Leitungs- und Führungskompetenzen sowie mangelnde Rollensicherheit führen nicht selten in eine ausweglose Situation der Überforderung. In Fortbildungskursen und Supervisionsgruppen für Kindergartenleiterinnen wurde mir immer wieder die Ohnmacht und Resignation von Leiterinnen deutlich, die all ihre Kräfte und Fähigkeiten eingesetzt haben und doch in vielen Alltagssituationen schwere Kämpfe und Misserfolge durchstehen mussten.

Die Grafik zeigt in einer ersten Grobübersicht die Personen, Institutionen und Bereiche, die auf die Leiterin eines Kindergartens Einfluss nehmen und mit denen sie zu tun bzw. zu kommunizieren hat.

Mangelnde Ausbildung

Schaubild 1 Einflussbereiche

Zunächst aber sollen hier fünf Beispiele vorgestellt werden, die deutlich machen, wie eine Erzieherin zu ihrem Leitungsamt gekommen ist. Vielleicht finden Sie sich in den Beispielen wenigstens ein Stück weit wieder.

So wurde ich Leiterin im Kindergarten

1. Beispiel **Frau L., 32 Jahre, seit sieben Jahren Leiterin**

- Ich wurde Kindergartenleiterin, weil ich einen persönlichen Anspruch aufgrund überwiegend negativer Erfahrungen mit Leiterinnen hatte. Ich wollte meinen individuellen Leitungsstil entwickeln, um so auch in meiner beruflichen Selbstverwirklichung weiterzukommen.
- Mein berufliches Nahziel möchte ich wie folgt beschreiben: Es war mir wichtig, mit meinen Kolleginnen eine konstruktive Zusammenarbeit und Kommunikation zu realisieren und eine Teamkultur zu entwickeln. Mir persönlich ging es auch darum, meine Abgrenzungsmöglichkeiten zu erkennen und mich in schwierigen Situationen nicht aufzureiben, sondern Ruhe und Gelassenheit zu bewahren. Langfristig strebe ich als Leiterin weiterhin meine Freistellung vom Gruppendienst an.
- Ich habe Angst vor politischen Entscheidungen, z.B. vor einer möglichen Verschlechterung der personellen Rahmenbedingungen und Kürzung der finanziellen Mittel.
  Ich habe Angst, dass die Entwicklung des Kindergartens hinsichtlich des pädagogischen und institutionellen Anspruchs Rückschritte macht.
  Ich habe Angst, dass der Kindergarten zum bloßen Auffangbecken gesellschaftlicher und familiärer Mangelsituationen und Ansprüche werden könnte.
- Auf die Palme bringt mich, wenn ich zwischen allen Stühlen sitze oder zum Reibungspunkt öffentlicher Ansprüche werde wie: staatliche Behörden, kirchliche Behörden, Elternansprüche, Bedürfnisse der Kinder, meine eigene berufspolitische Situation und die meiner Kolleginnen. Auf die Palme bringt mich auch, wenn meine Entscheidungsträger ihre Funktion „wie das Fähnchen im Wind" ausüben. Auf die Palme bringt mich

immer mehr, dass mein berufliches Engagement insbesondere von der Amtskirche ausgenutzt wird. Als Fachfrau für die Belange der Kinder und Eltern im Kindergarten werde ich nicht gehört, wenn es um entscheidende Veränderungen der Rahmenbedingungen oder von baulichen Maßnahmen geht.

- Ich freue mich über die gute und ermutigende Zusammenarbeit mit den Eltern und insbesondere auch mit dem Elternbeirat. Ich freue mich über gute Situationen im Team und in der Gruppenarbeit.
- In meiner Arbeit als Leiterin unterstützten mich anfangs mehr meine Freunde, später die Kolleginnen und die Eltern.

Frau U., 46 Jahre, zehn Jahre als Leiterin tätig   *2. Beispiel*

- Ich wurde Kindergartenleiterin, weil mich der Pfarrer (Träger) des Kindergartens angefragt hat.
- Anfangs war es mein Ziel, dass ich mit allen Teammitgliedern ein pädagogisches Konzept erstellen kann und unsere Arbeit von den Eltern mitgetragen wird. Mein längerfristiges Ziel nach zehn Jahren ist, dass ich meine Erfahrungen und Kenntnisse als kollegiale Fachberaterin weitergeben kann.
- Im beruflichen Alltag habe ich Angst vor unehrlichen Mitteilungen, Äußerungen und Anspielungen. Intrigen im Team oder im Kreis der Eltern fürchte ich sehr.
- Auf die Palme bringt mich, wenn ich mich auf eine Kollegin, ein Elternbeiratsmitglied oder den Träger nicht verlassen kann. Wenn Kolleginnen nicht verantwortlich mitdenken und mitsorgen, wenn die Bequemlichkeit zur Passivität und Teilnahmslosigkeit ausartet. Wenn mein Anstellungsträger kein Interesse für den Kindergarten zeigt.
- In den ersten Jahren fühlte ich mich sehr allein gelassen. Der Austausch mit Kolleginnen anderer Kindergärten war mir sehr wichtig. Für eine relativ kurze Zeit habe ich die Fachberatung des Caritasverbandes als konstruktive und stützende Hilfe erfahren. Später nahm ich an speziellen Fort- und Weiterbildungskursen und an Gruppensupervisionen für Leiterinnen teil.
- Ich gerate zwischen alle Stühle, wenn die Erwartungen und Forderungen an pädagogische Notwendigkeiten mit politischen, finanziellen und gesellschaftlichen Entscheidungen und Einschränkungen konkurrieren.

– Freude erlebe ich, wenn die Kinder gerne kommen und sich wohl fühlen. Ich freue mich, wenn die Teamatmosphäre stimmt und Eltern offen mit uns zusammenarbeiten.

3. Beispiel **Frau B., 30 Jahre, drei Jahre als Leiterin tätig**

– Wie wurde ich Kindergartenleiterin?
Ich habe schon während meiner Ausbildung überlegt, ob ich Leiterin werden könnte. Da ich mir vornahm, nicht bis zum Ende meiner Berufstätigkeit in einer Kindergartengruppe zu bleiben, nahm ich nach sechs Berufsjahren infolge eines Wechsels die Möglichkeit wahr, eine Leiterinnenstelle zu übernehmen. Im letzten Halbjahr, bevor ich die Leiterinnenstelle annahm, konnte ich an einer Fortbildung für Leiterinnen teilnehmen.
– Mein berufliches Ziel?
Ich möchte eine Öffnung des Kindergartens erreichen, ohne dass seine eigentlichen Aufgaben vernachlässigt werden. Ich will auch berufspolitisch mitarbeiten, damit der Beruf der Erzieherin und ihre wichtige pädagogische Arbeit gesellschaftlich anerkannt werden.
– Wovor habe ich Angst?
Die Anforderungen, die ich an mich stelle und die an mich gestellt werden, nicht ausreichend zu erfüllen (meine Tätigkeit nicht kompetent genug ausfüllen zu können), ist meine Sorge.
– Was bringt mich auf die Palme?
Wenn ein Teammitglied sich über ein anderes beschwert, sich aber weigert, mit der Betreffenden direkt zu sprechen. Wenn Absprachen nicht eingehalten werden. Konkurrenzkampf statt Zusammenarbeit!
– Was macht mir Freude?
Die Arbeit mit den Kindern; der Austausch mit anderen Leiterinnen; wenn ich den lästigen Bürokram für die Woche geschafft habe.
– Wer unterstützt mich in meiner Arbeit?
Durch die Supervision habe ich große Unterstützung bekommen, da wir uns sehr intensiv mit den einzelnen Problemen auseinandersetzten. Nachdem ich mir meine Stellvertreterin ausgewählt hatte, kam es mit der Zeit mit ihr zu intensiveren Gesprächen über unsere Teamsituation.
– Wann erlebe ich mich als Leiterin zwischen allen Stühlen?
Wenn eine Entscheidung getroffen werden soll, in der Eltern, Träger und

Erzieherinnen jeweils auf ihrem Standpunkt beharren und es im letzten nicht um das Wohl des Kindes geht, sondern um den Beweis der eigenen Machtposition.

Frau P., 43 Jahre, sechzehn Jahre als Leiterin tätig   *4. Beispiel*

– Ich habe auf Anfrage des Trägers (Pastors) und eines Mitgliedes des Verwaltungsrates die Leiterinnenstelle angenommen. Nach dieser langen Tätigkeit als Leiterin suche ich jetzt nach Alternativen.
– Ich habe aber Angst, die richtige Entscheidung zu treffen.
– Auf die Palme bringen mich Unehrlichkeit, Reden hinter vorgehaltener Hand und die ewige Unzufriedenheit einiger Eltern. Kolleginnen, die keine Verantwortung übernehmen wollen. Wenn Probleme und Konflikte nicht dasein dürfen.
– Freude macht mir die Zusammenarbeit mit Kindern, Jugendlichen und Erwachsenen.
– In meiner Arbeit haben mich früher die Kolleginnen unterstützt. Heute fühle ich mich oft sehr allein gelassen.
– Ich erlebe mich als Leiterin zwischen allen Stühlen, wenn die Erwartungen und Bedürfnisse der Kinder, Mitarbeiterinnen, Eltern, des Trägers, des Vorschulausschusses und des Verwaltungsrates auseinanderklaffen und mir der „rote Faden" zerreißt.

Frau K., 34 Jahre, neun Jahre als Leiterin tätig   *5. Beispiel*

– Leiterin wurde ich durch eine „Trotzreaktion". Ich arbeitete in einem sechsgruppigen Kindergarten. Im Nachbarort wurde eine Leiterin gesucht, aber ich dachte überhaupt nicht daran, einmal selbst Leiterin zu sein. Mein Mann und einige Kolleginnen sagten: „Was deine Leiterin kann, wirst du doch auch können." Dieser Satz klang in mir nach, und ich bewarb mich. Ich bekam die Stelle und bin seit dieser Zeit Leiterin.
– Mein berufliches Ziel ist jedoch, dass ich in einen anderen Kindergarten wechsle und nur noch als Gruppenleiterin tätig bin.
– Ich habe Angst vor Konflikten, in erster Linie vor solchen mit dem Träger und mit den Eltern.

- Auf die Palme bringt mich, wenn Kolleginnen unselbständig und unpünktlich sind.
- Die Arbeit in der Gruppe macht mir sehr viel Freude. Spaß macht mir auch, wenn ich Feste organisieren kann.
- In meiner Arbeit unterstützen mich mein Mann und Kolleginnen.
- Ich erlebe mich als Leiterin zwischen allen Stühlen an Elternabenden und Elternbeiratssitzungen, wenn ich eine im Team beschlossene Sache vorbringe und mich keine meiner Kolleginnen unterstützt.

Das vorliegende Buch will hauptsächlich für die Anfangssituation der Leiterin in einem Kindergarten eine erste Handreichung oder Grundlage geben. Freilich wird auch die erfahrene Leiterin Nutzen daraus ziehen im bewussten Vergleich mit ihrer Konzeption.

Strukturelle Zusammenhänge, Aufgaben, Kompetenzen, Rollenverständnis

Die Gliederung des Buches macht deutlich, dass es mir um die wesentlichen Strukturierungsaspekte sowie Aufgaben, Kompetenzen und Rollenidentifizierungen im Arbeitsfeld einer Leiterin geht. Ich habe nicht den Anspruch der Idealisierung oder Generalisierung der Leiterinnentätigkeit. Ich bin davon überzeugt, dass letztlich jede Leiterin ihr eigenes Leitungskonzept entwickeln muss. In meinem Buch gebe ich eigene Erfahrungen und Kursergebnisse weiter, die helfen können oder Orientierung geben, den eigenen Standort und das eigene Rollenverständnis sowie die notwendigen Leitungs- und Führungskompetenzen zu finden, zu erreichen.
Ich danke allen Kursteilnehmerinnen der Leiterinnenkurse in der Diözese München und Freising dafür, dass ich die Kursergebnisse als kollegiale Impulse veröffentlichen darf.

Wichtig für die Leiterin ist das Erkennen struktureller Zusammenhänge, denn nur so kann es ihr gelingen, ihr eigenes Handeln unter situationsspezifischen Bedingungen durchsichtig zu machen, zu delegieren, klare Informationen zu geben und ihre Einrichtung nach außen hin zu repräsentieren und politisch zu vertreten.

Das Buch bezieht sich auf die spezifischen Aufgaben und Anforderungen der Leiterinnentätigkeit im Kindergarten.

Der Kindergarten ist seit den sechziger Jahren eine gesellschaftlich eingeforderte und inzwischen längst anerkannte Einrichtung. Seit der großen Bildungsreform Anfang der siebziger Jahre hat sich der Kindergarten in seinem Selbstverständnis und seinem gesellschaftlichen Anspruch durchgesetzt.

Mit gewissen Abstrichen ist der Rechtsanspruch auf einen Kindergartenplatz heute Faktum.

Das Phänomenale ist, dass Staat und Kirche über viele Instanzen hinweg, z.B. bis in den Bundestag oder in die höchsten kirchlichen Gremien hinein, Fragen, Entwicklungen, Finanzierungsvereinbarungen etc. des Kindergartens erörtern.

Der Kindergarten – eine anerkannte Einrichtung

Ich will deutlich machen, dass es für die Leiterin im Kindergarten wichtig ist, zu wissen, wer, wann, wo, wie, was über den Kindergarten zu sagen und zu entscheiden hat. Je nachdem, wer Träger eines Kindergartens ist (ob ein öffentlicher, kirchlicher, kommunaler, ein freigemeinnütziger oder privater) und wie die gesetzlichen Bestimmungen lauten, muss der Weg der Zuständigkeiten vor Ort, zur Gemeinde, zum Kreis und zum Land klar sein.

Kompetenzen und Instanzen

Hier empfehle ich allen Leiterinnen, die Fachberatung ihres entsprechenden Verbandes (z.B. des Diözesancaritasverbandes für katholische Kindergärten) als stützende und informierende Hilfe einzubeziehen. Jedes Bundesland hat ein anderes Gesetz oder eigene Richtlinien. Jede Diözese und Landeskirche, aber auch jeder andere Trägerverband hat ein Netz von Fachberatung für den Kindergarten.

Fachberatung hilft

In folgendem Schaubild soll deutlich werden, wer von der Leiterin etwas will und von wem die Leiterin etwas will.

Zu Schaubild 2

Anschließend nehme ich der Fülle und Komplexität des Beziehungsgeflechtes entsprechend eine erste grobe Aufgabenstruktur vor. Damit soll deutlich werden, welche Schwerpunkte eine Leiterin sehen muss.

Sie alle wollen etwas von mir

Die Leiterin und ihr Beziehungsgeflecht

Schaubild 2

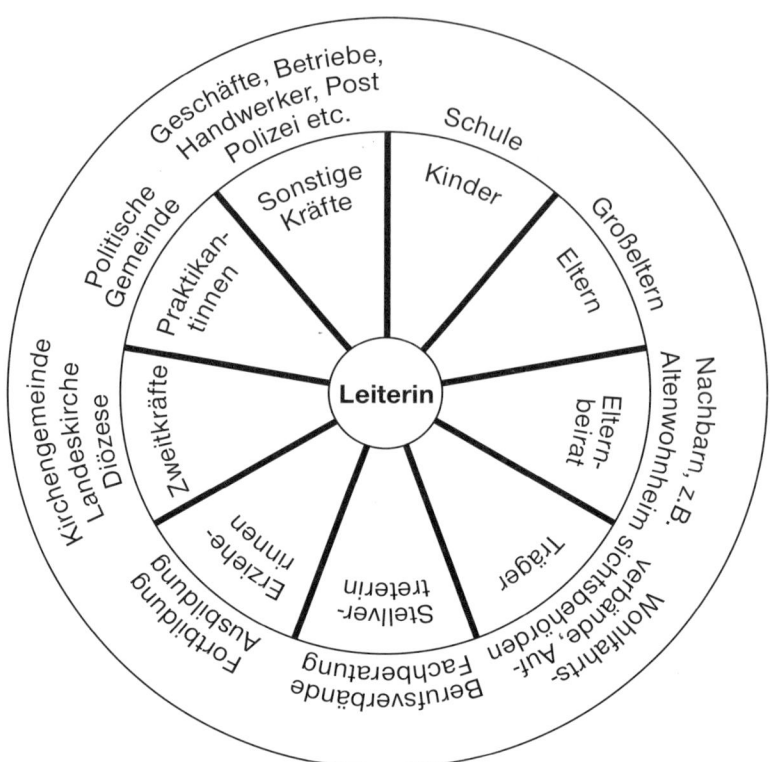

1. Pädagogische Arbeit

Kinder   Die Leiterin verwirklicht im Auftrag des Trägers die pädagogische Arbeit des Kindergartens. Sie entscheidet vorrangig über die pädagogische Konzeption der Einrichtung aufgrund und innerhalb vorgegebener Maßgaben des Trägers.

2. Mitarbeiterführung – Teamarbeit

Die Kindergartenleiterin nimmt eine Leitungs- und Führungsposition ein. Sie muss sich um die Mitarbeiter (einschließlich Putzfrau und Hausmeister) kümmern. Sie strebt eine tragfähige, verantwortungsvolle und effektive Teamarbeit an, die die Mitverantwortung und die Fähigkeit zur Innovation der einzelnen Teammitglieder fördert.

Mitarbeiter

3. Betriebsführung

Die Kindergartenleiterin trägt Verantwortung für den organisatorischen Ablauf des Kindergartenbetriebs (z.B. Diensteinteilung, Verwaltungsarbeiten etc.).

Organisation

4. Elternarbeit – Öffentlichkeitsarbeit

Die Leiterin strebt eine vertrauensvolle Zusammenarbeit mit den Eltern an. Sie geht auf die Bedürfnisse, Fähigkeiten, Ängste und Nöte von Eltern in bezug auf deren Kinder und den Kindergarten ein. – Sie vertritt den Kindergarten als ein Teilsystem im größeren Zusammenhang eines Stadtteils bzw. einer Gemeinde und regt Vernetzungsmöglichkeiten vor Ort an.

Eltern
Öffentlichkeit

Eine weitere Präzisierung der Aufgaben der Leiterin wird in der folgenden *Stellenbeschreibung* vorgenommen.
„Eine Stellenbeschreibung skizziert die Art der Tätigkeit einer Arbeitnehmerin / eines Arbeitnehmers, also deren Aufgaben und Funktionen nach außen und innen. Sie ist, falls eine Dienstordnung vorhanden ist, Teil derselben. Eine ausführliche Stellenbeschreibung trägt wesentlich zur Rechtssicherheit, Kompetenzsicherheit und damit auch zu einem gedeihlichen Betriebsklima bei. Im Rahmen einer Fortbildung des Caritasverbandes der Erzdiözese München und Freising erarbeitete eine Projektgruppe „Betriebsführung" eine Stellenbeschreibung für die Leiterin des Kindergartens, die im folgenden als Beispiel abgedruckt wird. Die Autorinnen betrachten ihre Stellenbeschreibung als Entwurf. Sie wollen Leiterinnen ermutigen, Ergänzungen und kritische Anmerkungen zu machen" (Simon Hundmeyer).

Zur folgenden Stellenbeschreibung

Aufgabenstruktur und Stellenbeschreibung für die Kindergartenleiterin

I. Stellenbezeichnung

Person   Kindergarten-Leiterin

II. Dienstrang

Funktion   Vorgesetzte, pädagogische Fachkraft

III. Unterstellung

Kompetenz   Dem Träger des Kindergartens

IV. Überstellung

1. Den Gruppenleiterinnen
2. den pädagogischen Hilfskräften
3. den Praktikanten
4. dem Haus- und Reinigungspersonal

V. Stellvertretung

Eine bestimmte Gruppenleiterin

VI. Ziel der Stelle

Den Kindergarten pädagogisch, organisatorisch verantwortlich führen und leiten gemäß dem Bayerischen Kindergartengesetz (BayKiG) und dem Auftrag des Trägers

VII. Aufgabenbereiche im einzelnen

Die Leitung ist verpflichtet,

1. Zusammen-arbeit mit dem Träger

a) die Grundlagen der pädagogischen und organisatorischen Arbeit abzusprechen,
b) über alle wichtigen Belange der Einrichtung regelmäßig zu informieren,
c) vor wichtigen Entscheidungen (wie Personalveränderungen, Gruppenveränderungen, Schließung der Einrichtung, Ferienregelung, Ausflüge, Begehungen durch Behörden) rechtzeitige Absprachen zu treffen,
d) Anregungen und Vorschläge zu Öffnungszeiten, Personalbesetzung, Ausstattung, Platzbedarf und Bau zu machen,
e) Schäden und Mängel an Inventar, Gebäude, Spielplatz, Grundstück unverzüglich zu melden beziehungsweise bei akuten Gefahren zu handeln,
f) die vom Kindergartenpersonal verwalteten Geldmittel nachzuweisen. Geldbeträge sind aus Sicherheitsgründen dem Träger unverzüglich zu übergeben beziehungsweise entsprechend zu deponieren (Bank-Tresor).

2. Planung und Durchführung der Erziehungs- und Bildungsarbeit

a) Die Leitung verantwortet dem Träger und den Eltern gegenüber die Grundlinien der pädagogischen Arbeit.
b) Sie plant gemeinsam mit den pädagogischen Mitarbeitern die gesamte Erziehungs- und Bildungsarbeit gemäß Art. 7 BayKig.

3. Mitarbeiter-führung

a) Koordination der pädagogischen Arbeit aller pädagogischen Mitarbeiter/-innen.
b) Leitung der wöchentlichen Mitarbeiterbesprechung (Schwerpunkte der Erziehungs- und Bildungsarbeit. Planung gemeinsamer Aktionen).
c) Fachliche Beratung der Mitarbeiter: Einführen von neuem Personal.
d) Verantwortung für die Praktikantenanleitung unter Beachtung der Richtlinien des Praktikantenvertrages, gegebenenfalls Delegation an die Gruppenleiterin.
e) Information der Mitarbeiter über alle wissenswerten Neuerungen.
f) Bereitstellen von Rundschreiben, Zeitschriften. Information über Fort- und Weiterbildungsmöglichkeiten.
In Wahrnehmung ihrer Aufgaben ist die Leiterin weisungsbefugt.

4. Betriebs-führung	a) Aufnahme der Kinder nach den gemeinsam mit Träger und Elternbeirat festgelegten Aufnahmekriterien: Gruppeneinteilung in Absprache mit der Gruppenleiterin.
	b) Aufstellung eines Dienstplanes für alle pädagogischen und hauswirtschaftlichen Mitarbeiter der Einrichtung jährlich zu Beginn des Kindergarten- beziehungsweise Schuljahres in Absprache mit den Mitarbeitern.
	c) Regelung der Vertretung bei Krankheit, Urlaub und Fortbildung. Die Leiterin regelt den Überstundenplan und legt ihn dem Träger zur Entlastung vor.
	d) Abfassung des Jahresberichtes gemäß Art. 16 Nr. 6 BayKiG.
	d) Überprüfung der Einhaltung der Verträge (Kindergartenverträge und Kindergartenordnungen).
	f) Mitverantwortung für die gesamte Einrichtung im Hinblick auf Sicherheit, Hygiene, Ordnung und Instandhaltung.
	g) Überprüfung der Hausapotheke.
	h) Bei Unfällen von Kindern Information an den Träger; Erstellung einer Unfallanzeige an: – Staatliche Ausführungsbehörde für Unfallversicherung, – Diözesan-Haftpflicht- und Unfallversicherung.
5. Zusammen-arbeit mit Eltern und Elternbeirat	a) Vorstellung und Begründung der pädagogischen Arbeit der Einrichtung im Rahmen der Elternarbeit (z.B. bei Anmeldung eines Kindes).
	b) Angebot von Elternsprechzeiten, Elternveranstaltungen.
	c) Informationspflicht gegenüber Eltern über wesentliche Vorkommnisse im Zusammenhang mit ihren Kindern.
	d) Rechtzeitige Bekanntgabe von betrieblichen und personellen Änderungen.
	e) Teilnahme an Elternbeiratssitzungen.
	f) Beachtung des Informations- und Anhörungsrechts des Elternbeirats (Art. 12 BayKiG).
6. Zusammen-arbeit mit Behörden und anderen Institutionen	a) Stadtverwaltung, Landratsamt (laut BayKiG).
	b) Gesundheitsamt (Meldung übertragbarer Krankheiten, Überwachung der Einhaltung der regelmäßigen Kontrolluntersuchungen des Personals nach § 47 Bundesseuchengesetz).

c) Örtliche Beratungsstellen
(z.B. Erziehungs- und Familienberatungsstellen, Kreis-/Bezirkscaritasstellen, Verkehrswacht).
d) Grundschulen des örtlichen Einzugsbereichs
(Bemühung um Kontaktaufnahme und Informationsaustausch mit Lehrern der 1. Grundschulklassen).

7. Zusammenarbeit mit dem Diözesan-Caritasverband

Inanspruchnahme von Fachberatung und Fortbildung durch den Diözesan-Caritasverband, Referat Kindertagesstätten.

VIII. Besondere Befugnisse

Von Kindergarten zu Kindergarten verschieden; eventuell freie Entscheidung bei Reparaturen, selbständige Einstellung von Hilfskräften, Praktikanten etc.
– Öffentlichkeitsarbeit (vertritt die Einrichtung nach außen);
– erstellt Zeugnisse nach Weisung;
– nimmt an den Sitzungen der Kirchenverwaltung teil, um die Belange des Kindergartens zu vertreten;
– erteilt feste Aufgabengebiete an die stellvertretende Leiterin.

Quellenangabe

– Dienstordnung für pädagogische Fach- und Hilfskräfte in katholischen Kindergärten der Erzdiözese München und Freising;
– Kursmaterial.

Möglichkeiten und Grenzen einer Konzeption

*Konzeption –
heute ein Muss*

Warum ist die Frage nach einem Konzept oder nach einer Konzeptentwicklung so aktuell? Ein paar Stichworte können Antwort geben.

Fachliche, pädagogische und wissenschaftliche Erkenntnisse sowie die institutionelle und konzeptionelle Weiterentwicklung der letzten zehn Jahre begründen eine Standortbeschreibung und eine Überprüfung der bestehenden Praxis.

Nicht zuletzt wirkt sich der in unserer Zeit spürbare gesellschaftliche und familiale Umbruch auf die Lebensgestaltung in wirtschaftlicher und ideeller Hinsicht aus. Der Verlust von Grundorientierungen, Grundwerten und lebenspraktischen Erfahrungen führt dazu, bestehende Angebotsformen für Kinder kritisch zu befragen, ob sie die Bedürfnisse von Kindern und Familien noch vertreten.

*Vor der
Bildungsreform*

Inspiriert war bisher das pädagogische Angebot von den inzwischen „klassischen" Modellen: Fröbel, Montessori, Rudolf Steiner u. a. Seit der Bildungsreform Anfang der siebziger Jahre zeichneten sich kontinuierlich neue Trends ab. Der Vorschulkindergarten entwickelte sich zeitgleich mit dem antiautoritären Kindergarten. Bundesweite Modellversuche propagierten den situationsorientierten Ansatz.

*Nach der
Bildungsreform*

Die Entwicklung schreitet fort mit der Integration von ausländischen Kindern, dem Integrationskindergarten (behinderte und nichtbehinderte Kinder), dem Ganztagskindergarten. Vom „Sitzkindergarten" zum offenen Erkundungskindergarten. Vom Kindergarten im Dorf zum Dorfkindergarten. Vom Kindergarten im Stadtteil zum vernetzten Kindergarten (mit anderen Tageseinrichtungen für Kinder im Stadtteil). Vom Kindergarten neben der Krippe und neben dem Hort zum Kinderhaus, d.h., Krippe, Kindergarten und Hort befinden sich unter einem Dach in gemischten Gruppen. Vom Spielraum zum Lebensraum bis hin zum „spielzeugfreien Kindergarten" oder zum „Waldkindergarten".
Von der Bewahranstalt zur *Erziehungs- und Bildungseinrichtung*. Von der Erziehungs- und Bildungseinrichtung zur *Erziehungs-, Bildungs- und Betreuungseinrichtung*. Von der Erziehungs-, Bildungs- und Betreuungseinrichtung zum *Qualitätsmanagement* im Kindergarten.

Von der Information und Kooperation zur Selbstdarstellung und „Öffentlichkeitsarbeit". Von der Elternarbeit „für Eltern" hin zur Integration, d.h. „mit Eltern – für Kinder".

Braucht die Erzieherin und insbesondere die Leiterin zunächst ein Qualitätsmanagement, um ein aktuelles Konzept entwickeln zu können?

Qualitäts-management

In einem weiteren Schritt zeichne ich nun den Weg nach, den wir im Weiterbildungskurs für Leiterinnen gegangen sind. Sie können die wichtigsten Prozesse verfolgen, die zur Konzeptionserstellung möglich sind. Hie und da können Sie auch Managementaspekte entdecken.

Ein Wesenselement des Sozialmanagements oder des Marketing heißt, sich an den „Klienten" (Kinder, Eltern und Lebensbedingungen) bzw. den „Kunden" (Kinder, Eltern) zu orientieren, deren Bedürfnisse zum Inhalt der Angebote zu machen und nicht für die „Kunden" Angebote vorzuschreiben.

In einem Brainstorming teilten Leiterinnen sich auf die Frage: „Was ist ein Konzept?" wie folgt mit: „Grundlage für die Arbeit" – „Orientierungspunkte für das Team" – „Geländer zum Festhalten" – „Roter Faden für unsere Arbeit" – „Wegweiser" – „Visitenkarte der Einrichtung" – „Leitlinie für uns alle" – „Unser Gesetz" – „Menükarte des Kindergartens" – „Zehn Gebote für gute Arbeit" – „Das, was wir tun wollen" – „Unsere gemeinsame Ausrichtung" – „Damit wir wissen, was wir tun sollen oder wollen" – „Damit wir unsere Arbeit nach außen hin besser verkaufen können" – „Um dem Träger und den Eltern zu zeigen, was wir tun" – „Um gegenüber dem Träger und den Eltern besser argumentieren zu können" – „Unsere pädagogischen Standpunkte festlegen" ...

Wozu dient ein Konzept?

In einer anschließenden Diskussion wurde deutlich, dass auf der einen Seite der Konzeptionsschwerpunkt mehr der Abgrenzung nach außen dienen soll. „Von uns wird immer mehr gefordert, wir müssen für alle und alles dasein, aber keiner hilft uns oder bezahlt uns dafür."

Jeder Kindergarten hat sein Konzept

Auf der anderen Seite wurde der Wunsch nach Veränderung, nach echter Anerkennung von außen, nach Weitung der viel zu engen Kindergartenwelt und einer berufspolitischen Mitwirkung und Mitgestaltung deutlich.

Die Diskussion der unterschiedlichen Standpunkte verlief zum Teil sehr heftig und kontrovers.

Schließlich einigte sich die Gruppe dahingehend, dass wohl jeder Kindergarten selber entscheiden muss, was das Konzept bewirken soll oder warum es erstellt wird. „Was hier bei uns gelaufen ist, könnte genauso bei mir im Team laufen", meinte eine Leiterin. „Ich spüre in mir eine Spannung, ob ich es ertragen kann, wenn das Team andere Ideen zum Konzept hat als ich oder gar keine", äußerte eine andere Leiterin. „So geht es mir, wenn ich mir vorstelle, alle Erwartungen der Eltern oder des Trägers aufgreifen zu müssen", war eine weitere Anmerkung.

Konzeptionsentwicklung mit allen Betroffenen abstimmen

Wichtig erscheint es mir allerdings schon, dass sowohl mit dem Team, den Eltern als auch dem Träger geklärt werden muss, welches Konzept für den Kindergarten erstellt werden soll. Vielleicht ist das sogar der wichtigste und langwierigste Prozessweg. Er lohnt sich und ebnet den Weg für die inhaltliche Ausformulierung. Nicht selten ist über diesen Prozessweg ein Kindergartenteam wirklich zu einem Team geworden. Der Weg der Teamentwicklung ist ein intensiver Austausch über den pädagogischen Alltag, eben die Konzeptionsentwicklung.

Grundfragen/ Integrativer Ansatz

Was muss vorab unbedingt geklärt werden?
- Mit dem Team die bestehende Konzeption bzw. Arbeit reflektieren.
- Teamkonsens für eine Konzeptionserarbeitung.
- Wer übernimmt die Hauptverantwortung? Ist Hilfe von außen (z. B. Fachberatung) möglich bzw. notwendig?
- Welche Schwerpunkte soll die Konzeption aufzeigen? Z.B.: Rahmenbedingungen – Pädagogische Ziele – Wie können wir unsere Arbeit konkret darstellen? – Wie soll die Zusammenarbeit mit den Eltern sein? – Was ist für unser Team notwendig? – Wie gestalten wir die Zusammenarbeit mit der Schule oder anderen Institutionen?

Pädagogische Schwerpunkte

Erziehen – Bilden – Betreuen

Der Auftrag des Kindergartens umfasst die gesamte Öffnungszeit (incl. Früh-, Mittag-, Spätdienst). Die Balance von Erziehen – Bilden – Betreuen muss ständig gesucht und verbessert werden, von strukturellen Überlegungen her, aber auch konkret situationsorientiert.

Zunächst muss im Team, mit dem Träger und den Eltern die Linie der pädagogischen Schwerpunkte geklärt werden. Die Ergebnisse der Klärung sind bedeutsam für die Zielfindung.
Die folgenden Schwerpunkte können die Gespräche in Ihrem Kindergarten anregen.

– Durch eigenständiges Handeln werden Kinder selbstbewusst und entwickeln ein gesundes Selbstwertgefühl.
– Durch Selbstverantwortlichkeit lernen die Kinder, Wirkung und Folgen des eigenen Handelns zu erkennen und damit umzugehen.
– Durch Eigenständigkeit und Selbstverantwortung werden die Kinder fähig, ihren Platz in der Gruppe zu behaupten, offen zu sein für aktuelle Situationen und Ereignisse und sie mit anderen Kindern zu gestalten.

Erziehen: Soviel Freiheit wie möglich, soviel Grenzen wie nötig

– Durch Beachten des Entwicklungsstandes des einzelnen Kindes (Stärken und Schwächen, Fähigkeiten und Defizite realistisch einschätzen und individuell berücksichtigen).
– Durch ganzheitliche Weltorientierung und Sensibilisierung für geistige und menschliche Werte.
– Durch situative Erlebnisse und Erfahrungen, die neugierig machen, mutig, heiter, belastbar, kommunikativ, selbstbewusst, sozial-sensibel usw.

Bilden: Freude und Lust am Leben entdecken und wecken

– Durch Erkennen der kindlichen Bedürfnisse und realistische Angebote.
– Durch Stärkung der Mitverantwortung der Kinder und Eltern.
– Durch familienergänzende Angebote, die das geistige, seelische und körperliche Wohl der Kinder fördern.

Betreuen: Bedarfsgerechte, kindorientierte Lebens- und Erfahrungsräume

Maria Montessori
„Hilf mir, es selbst zu tun"

– Durch Erziehung zur Selbständigkeit.
– Durch Sensibilisierung der Sinne.
– Durch Polarisierung der Aufmerksamkeit, um zu ausgewogenen inneren Eigenschaften zu kommen.

Waldorf-Pädagogik (Rudolf Steiner)
„Vom Leben lernen", Stabilisierung der Persönlichkeit

„Spielen und Lernen"
- Durch Anregungen von Vorstellungskraft und Phantasie.
- Durch Vorbildfunktion des Erziehers.
- Durch Spiel als „Heilkraft".
- Durch Zusammenarbeit von Eltern und Erziehern.

Janusz Korczak
„Das Recht des Kindes auf Achtung"

Die Rechte des Kindes
- Durch Schaffung von Freiräumen, die eine gesunde Selbsterfahrung und Umwelterfahrung ermöglichen.
- Durch Beachtung der Individualität des Kindes. „Das Recht des Kindes, so zu sein, wie es ist."
- Durch situative Angebotsstrukturen. „Das Recht des Kindes auf den heutigen Tag."
- Durch Eröffnung von Spielräumen, in denen Kinder individuelle Erfahrungen, Grenzerfahrungen und Risikoerlebnisse machen können. „Das Recht des Kindes auf seinen Körper."

Offener Kindergarten (Gerhard Regel)
**„Das Kind ist Subjekt seiner Entwicklung,
Akteur seiner Entwicklung oder Baumeister seines Lebens"**

Das Kind als Subjekt seiner Entwicklung
- Durch selbstbestimmtes Lernen.
- Durch immer größer werdende Unabhängigkeit vom Erwachsenen.
- Durch Selbstverantwortung für eigenes Lernen, eigene Zufriedenheit.

Leitlinien der christlichen Erziehung
Gelingen des Lebens aus dem Glauben

Das christliche Menschenbild
- Durch Erlangen der Ich-Fähigkeit, d.h., die eigene Identität entdecken und entfalten.

– Durch Erlangen der Wir-Fähigkeit, d.h., zu einem Leben des Miteinander und Füreinander gelangen.
– Durch Erlangen der Welt-Fähigkeit, d.h., sich selbst, die Mit- und Umwelt wertschätzen und verantwortlich mitgestalten.
– Durch Erlangen der Gott- (Glaubens)Fähigkeit, d.h., Sinndeutung des Lebens erfahren.

Konzeptionelle Inhalte

Zur Orientierung und Verdeutlichung werde ich jetzt auf einige Gliederungspunkte für eine Konzeption eingehen. Auch dahinter stehen wiederum Ergebnisse aus einem Kursabschnitt.

Gliederungspunkte für eine Konzeption

Rahmenbedingungen

In einer Arbeitsgruppe tauschten Leiterinnen ihre Rahmenbedingungen untereinander aus.
Außer zur Größe der Einrichtung, zur Kinderzahl, zum Träger und zur personellen Situation wurden auch zu folgenden Fragestellungen Erfahrungen ausgetauscht:

Situationsanalyse

Was wissen wir von der Lebenswirklichkeit, der Entwicklung und den Bedürfnissen der Kinder?

Trotz wachsenden allgemeinen Wohlstands im Hinblick auf die Umweltbedingungen hat sich die Situation der Kinder in unserer Gesellschaft zu deren Ungunsten verändert.
– Kinder sind unmittelbar betroffen von vielfältigen Veränderungen wirtschaftlicher und familiärer Strukturen. Thomas besucht den Kindergarten und erzählt der Erzieherin eines Morgens: „Mein Papa geht nicht mehr zur Arbeit. Jetzt haben wir kein Geld mehr. Vielleicht darf ich bald nicht mehr kommen. Meine Mutti ist ganz traurig und weint sehr oft."

Vielfältige Benachteiligungen

Einzelkind	– Die Lebenssituation von Einzelkindern bedingt das Aufwachsen in einem sehr individualistisch geprägten Bezugsrahmen. Claudia ist ein Einzelkind und soll deshalb mit vier Jahren den Kindergarten besuchen. Die Mutter ist nicht berufstätig. Claudia hat große Probleme, sich im Kindergarten einzugewöhnen. Zu den Kindern findet sie lange keinen Kontakt.
Freizeitstress	– Die meisten Kinder haben einen Freizeitstress; ihre freie Zeit wird mit „Kursen" verplant. Susanne fällt im Kindergarten durch unruhiges, trotziges und trauriges Verhalten auf. Wenn die Erzieherin einen Vorschlag macht oder mit Susanne ins Gespräch kommen will, wird diese trotzig oder läuft weg. Die Erzieherin bemühte sich sehr, mit Susanne in eine gute, vertrauensvolle Beziehung zu kommen. Der Weg war mühsam. Irgendwann erfuhr sie von Susannes Mutter, dass ihre Tochter im Kindergarten nicht richtig gefördert würde. In der Musikschule, im Ballett und im Französischkurs sei sie sehr erfolgreich. Neben dem Kindergarten besuchte Susanne an allen Nachmittagen der Woche einen zusätzlichen Kurs. Jetzt wurde der Erzieherin klar, dass Susanne ein Opfer der Leistungserwartung ihrer Eltern ist. Im Kindergarten suchte Susanne vielleicht einen „Schonraum", der aber weder von der Erzieherin noch von den Eltern gesichert war.
Bewegungs-armut	– Kinder verarmen in der Bewegung, weil sie per Auto oder Bus überallhin gefahren werden; es gibt gut organisierte Fahrdienste für Kinder. Fast jeder Kindergarten in ländlichen Gebieten ist auf einen gut organisierten Fahrdienst angewiesen. Die Kinder werden per Bus in den Kindergarten gebracht und abgeholt. Die Öffnungszeiten der Kindergärten richten sich nicht selten nach dem Busunternehmen.
Leistungsdruck	– Kinder stehen oft unter starker Leistungsanforderung / Überforderung. Jede Erzieherin kennt die Situation, dass Eltern besorgt sind um die Leistungsentwicklung ihrer Kinder. Ein sehr häufiger und sehr früher Wunsch ist: „Mein Kind soll einmal ein sehr guter Schüler sein."
Spiel-unfähigkeit	– Kinder werden überbehütet (Einzelkindsyndrom). Die Folgewirkung heißt häufig: „unselbständige Kinder oder kleine Erwachsene". Oft sprechen Erzieherinnen von „spielunfähigen Kindern". Gemeint sind jene Kinder, die nicht mehr spielen wollen, sondern nur das tun, was Erwachsene ihnen vermitteln. „Kleine Erwachsene" entbehren leider der natürlichen, kreativen und spontanen Aktivität, jener Fähigkeit, „einfach zu spielen". Kinder sind begeisterungsfähig, sprachlich gut entwickelt, „kopflastig". Kinder werden durch die Einengung ihrer Lebensräume, Reizüberflutung durch Medienkonsum und Konsumabhängigkeit stark beeinflusst.

Was wissen wir von den Eltern?

- Die moderne Gesellschaft ist stark differenziert mit ständig wechselnden Rollen. Davon sind besonders Frauen und Mütter betroffen. Gesamtgesellschaftliche Probleme verdichten sich in der Familie.
- Die Bandbreite familialer Lebenslagen von der sogenannten „Normalfamilie" bis hin zu den ganz verschieden gelagerten anderen Familienkonstellationen ist sehr groß.
- Probleme in Familien sind Auswirkungen von Arbeitslosigkeit und Wohnungsnot, von Sucht und Gewalt.
- Eltern haben viele und hohe Ansprüche an ihre Kinder.
- Eigenheim – Mietwohnung – Eigentumswohnung – Wohnghetto als Problemfelder.
- Alleinverdiener – Doppelverdiener – Teilzeitarbeit – Arbeitslosigkeit und ihre verschiedenen Belastungen für die ganze Familie.
- Akademiker – Angestellte – Selbständige – Arbeiter ...
- Nationalität – Religion – Kultur und die unterschiedliche Integration in die Gesellschaft.
- Stadt – Land – Einheimische – Zugezogene – Asylanten ...

Familien unter Druck

Was wissen wir von den Mitarbeiterinnen / Kolleginnen?

- Das Selbstverständnis und die Lebenssituation der meisten Erzieherinnen hat sich in den letzten Jahren verändert. Erzieherinnen haben sehr unterschiedliche Rollen zu bewältigen: Erzieherin, Fachfrau, Leiterin, Hausfrau, Ehepartnerin, Mutter, Tante, Schwester, Tochter usw.
- Erzieherinnen sind wie andere Frauen berufstätig, haben dafür eine entsprechende Ausbildung.
- Erzieherinnen sichern sich mit ihrem Beruf nicht nur ihre persönliche Existenz, sondern oft auch das Existenzminimum ihrer Familie, erarbeiten ihren Rentenanspruch.
- Erzieherinnen fühlen sich im Kindergarten wegen der Rahmenbedingungen (große Gruppen, lange Öffnungszeiten, keine Vor- und Nachbereitungszeit, keine Teambesprechungen, keine Fortbildungszeiten usw.) häufig überfordert.

Persönliche Voraussetzungen

- Verständnis und Verhalten im Team sind einerseits kollegial, hilfsbereit, gesprächsbereit, offen für Neues; andererseits rivalisierend, eifersüchtig, wenn es um Kinder, Eltern, Kolleginnen geht.
- Zwischen jüngeren und älteren Erzieherinnen entsteht nicht selten ein Konkurrenzdenken; eingeschworene Praktiken und Traditionen dürfen nicht verändert werden, Rivalitäten und Neid brodeln im Geheimen.
- Zwischen Erzieherin und Kinderpflegerin entstehen oft „Statuskonflikte", besonders dann, wenn die Kinderpflegerin schon länger im Beruf ist und über mehr Erfahrungen verfügt als die jüngere Erzieherin.
- Außer den Fachkräften gibt es im Kindergarten noch weitere Mitarbeiter wie: Köchin, Hausmeister, Reinigungsfrauen. Die Beziehungsgestaltung ist manchmal wegen mangelnder Motivation und Anerkennung belastet.
- Erzieherinnen verlassen nach drei bis vier Jahren wegen psychischer und physischer Belastung und anderer Probleme das Arbeitsfeld „Kindergarten" oder leiden darunter, sehen aber keine Möglichkeit, ihren „Lebensberuf" zu wechseln.

Ziele / Leitlinien für die pädagogische Arbeit

„Seit wir das Ziel aus den Augen verloren haben, haben sich unsere Anstrengungen verdoppelt" (Mark Twain).

Vielleicht ist so manche Berufsverdrossenheit und Resignation von Erzieherinnen, insbesondere von Leiterinnen, ursächlich darin begründet, dass sie immer „alles" wollen und „alles" tun, um sich dann im Gewirr der Aufgaben, Anforderungen, Ansprüche von außen und innen und fehlender Kompetenzen zu verrennen. Die eigentliche Aufgabe kommt zu kurz, die wesentlichen Dinge bleiben auf der Strecke. *„Wer alles nimmt, wie es kommt, der arbeitet nicht, der wird gearbeitet"* (Polymedia).

Deshalb kann eine selbst erstellte Konzeption mit klaren Zielprioritäten helfen, den pädagogischen Alltag wieder erfüllter und hoffnungsvoller zu erleben sowie kreativer und entlastender zu gestalten.

Was für die Kinder pädagogisch notwendig ist, kann für die Erzieherinnen und Leiterinnen ein notwendiger erster Schritt zur Selbstkontrolle sein.

- Wir sollen den Kindern einen Lebensraum schaffen für individuelle, bedürfnisorientierte und gemeinschaftsbezogene Erlebnis-, Erfahrungs- und Lernprozesse.

- Jedes Kind soll seinen eigenen Bedürfnissen und Interessen nachgehen können. Es soll Kontakt- und Konfliktfähigkeit erreichen, damit es sich in die Gruppe integriert, andere toleriert und somit zu einem mündigen Mitmenschen wird.
- Die Kinder sollen in der Gruppengemeinschaft gegenseitiges Vertrauen entwickeln und nehmen Freiräume für schöpferische Aktivitäten wahr.
- Die Kinder sollen in lebenspraktischen Situationen Natur, Kultur und Traditionen kennenlernen.
- Durch situative Alltagserlebnisse werden die Kinder auf sich selbst, auf ihre Umgebung und auf Gefahren aufmerksam gemacht und zu einer gesunden Lebensweise hingeführt.
- Die kindgemäße, ganzheitliche Methode für Erfahrungs- und Lernprozesse ist das Spiel.

Zielprioritäten

Spiel- und Erfahrungsprojekte

Auf der Grundlage der obengenannten Zielformulierungen wurde von der Leiterinnengruppe das offene Spielangebot als Folgewirkung diskutiert. Heute werden auch spielzeugfreie Zeiten als sinnvolle Gegensteuerung gegen Konsumsucht und Überfütterung therapeutisch gezielt eingesetzt (vgl. dazu: Regula Eissing, Spielzeugfreier Kindergarten, Don Bosco Verlag). In einem *Für* und *Gegen* die Ausweitung der Spielangebote und Spielprojekte auf alle räumlichen Möglichkeiten incl. Ausnutzung des Flures etc. wurden folgende Anmerkungen gemacht.

Offenes Spielangebot? Spielzeugfreie Zeiten?

- Mehr Raum, mehr Bewegung, mehr Kreativität, mehr Freiräume.
- Kinder können sich freier entscheiden.
- Mehr Selbständigkeit und Autonomie.
- Individuelle Neigungen werden gestützt.
- Flexibilität / Beruhigung der Gruppe.
- Regeln mit Selbstkontrolle.
- Stärkung des Selbstvertrauens.
- Austausch: Kontakte mit Kindern aus den anderen Gruppen.
- Kinder haben Kontakt zu allen Erzieherinnen.
- Erfahrungen von Sympathie und Antipathie.
- Mehr Austausch, mehr Ruhe, mehr Spielmöglichkeiten.

Für die Ausweitung

- Mehr Entscheidungsmöglichkeit führt zu besserer Entscheidungsfähigkeit.
- Die Neigungen der Erzieherinnen werden stärker berücksichtigt.
- Die einzelne Erzieherin muss nicht alles können.
- Bessere und intensivere Beobachtungsstruktur.
- Eltern können situativ in Spielprojekte integriert werden.

Gegen die Ausweitung

- Fehlende Räume.
- Widerstände der Kolleginnen und Eltern.
- Konkurrenzdenken.
- Widerstände des Trägers.
- Fehlendes Gruppengefühl, z. B.: „Wir sind die Sonnenkäfer."
- Kinder werden nicht kontrollierbar gefördert.
- Zu wenig Wissensvermitllung.
- Zu großes Chaos, einseitige Entwicklung.
- Angst vor Neuem, vor Innovationen.
- Fehlende Überschaubarkeit für Kinder und Erzieherinnen.
- Unsicherheit für Kinder, Neues zu wagen.
- Angst, etwas zu verlieren.

Eltern als Partner

Eltern sollen das Konzept mittragen

Auch die Zusammenarbeit mit den Eltern bekommt einen neuen Akzent. Mühsam und nicht ganz spannungsfrei diskutierten die genannten Leiterinnen folgende Zielperspektive:
Das Konzept des Kindergartens soll von den Eltern verstanden, akzeptiert und mitgetragen werden, d. h.: Interessen und Bedürfnisse der Eltern verstehen, akzeptieren und berücksichtigen. Interessen und Auftrag des Kindergartens transparent machen. Eltern sind Partner des Kindergartens und voll integriert.

Teamarbeit

Die Qualität der Zusammenarbeit im Team soll in folgender Zielformulierung ausgedrückt werden (im III. Kapitel wird das Thema ausgeführt):

Um die Konzeption verantwortlich mitzutragen, ist es notwendig,
- die individuellen Fähigkeiten, Kompetenzen und Motivationen der Mitarbeiterinnen zu erkennen, zu nutzen und zu integrieren,
- die Solidarität zu sichern,
- die Loyalität zu stärken
- und somit die Arbeitsbeziehungen zu festigen.

Bedingungen guter Teamarbeit

Öffentlichkeitsarbeit

Was im Bereich der Öffentlichkeitsarbeit notwendig ist, wurde in folgender Zielperspektive zum Ausdruck gebracht:
Die Öffentlichkeit soll den Kindergarten als elementare, grundlegende Basis für die Entwicklung und Förderung der drei- bis sechsjährigen Kinder sowie die Fachkompetenz der pädagogisch Verantwortlichen erkennen, unterstützen und vertreten. Im III. Kapitel wird dieser Bereich ebenfalls aufgegriffen.

Ziel: Anerkennung der Fachkompetenz

Fachpolitische Vertretung

Dieser Bereich wurde von der Kursgruppe in „Pro und Kontra"-Meinungen diskutiert. Einige Stichworte sollen hier aufgeführt werden:

- Um Verständnis zu gewinnen und die Arbeit transparent zu machen.
- Kontakte zu Vereinen und anderen Institutionen sind wichtig.
- Aufwertung des Berufsbildes.
- Wir sind die besten Anwälte der Kinder!
- Entghettoisierung des Kindergartens.
- Integration von behinderten Kindern.
- Integration von Aussiedlern und Kindern anderer Nationen.
- Öffnung zum Gemeinwesen erwirkt mehr Verständnis bei politischen Mandatsträgern.
- Pflege des Brauchtums im Stadtteil, im Dorf, in der Kirchengemeinde.
- Zusammenarbeit mit anderen Kindergärten stärkt die Solidarität.
- Soziale Vernetzungsmöglichkeiten entlasten den Kindergarten und helfen der Familie.
- Wichtiger Einfluss auf die Sicherung und Ausweitung des Bedarfes.

„Pro" – für die fachpolitische Vertretung nach außen

- Einfluss auf sozialpolitische Entscheidungen.
- Um bessere Rahmenbedingungen zu erwirken.
- Um eine größere Berufssolidarität zu gewinnen.
- Gute Entfaltungsmöglichkeiten, Aufwertung des beruflichen Images.

„Kontra" –
gegen die fach-
politische Ver-
tretung nach
außen

- Zu viele Mitbestimmer im Kindergarten.
- Angst vor zu viel Einsicht der Eltern.
- Unruhe, Gefahren und ein erhöhter Arbeitsaufwand.
- Angst, den Kindergarten als „Schonraum" zu verlieren (Kontrolle).
- Angst vor Kritik.
- Angst, dass die Zeit für die Kinder verlorengeht.
- Angst vor Statusverlust.
- Angst vor Überforderung.
- Angst davor, die eigene Linie nach außen zu vertreten.
- Ängste und Barrieren, die Belange des Kindergartens öffentlich zu vertreten.

Das Wesen der Angst ist oft konstruktiv und fordert heraus. Vielleicht können kollegiale Impulse und Ermutigungen anregen und die „Angst" in diesem Bereich relativieren.

Hilfen In diesem Zusammenhang sei auf das Projektbuch des Deutschen Instituts verwiesen: Land-Kinder-Gärten (Lambertus Verlag, Freiburg). In diesem Buch werden hoffnungsvolle Beispiele für den fachpolitischen Bereich geschildert.
Zum Gesamtbereich Konzeptionsentwicklung sei hier empfohlen: Norbert Huppertz, Wir erstellen eine Konzeption. Anleitungen und Beispiele aus der Kindergartenpraxis, Don Bosco, München 1996.

Als Ergänzung zu den Ausführungen hier eine Mustergliederung für ein Konzept aus: Beate Irskens/Christa Preissing, Damit wir wissen, was wir tun! Methoden zur Erstellung eines pädagogischen Konzeptes im Team (MSP 15, Eigenverlag des Deutschen Vereins für öffentlliche und private Fürsorge), Frankfurt 1990[2].

Mustergliederung für ein Konzept

1. Vorwort

An wen wendet sich das Konzept, geschichtliche Traditionen, Spezifisches der Einrichtung ...

Adressat

2. Rahmenbedingungen

Größe der Einrichtung, Räume, Personal, Öffnungszeiten, Ferienzeiten, Lage der Einrichtung mit besonderen Merkmalen, Einzugsbereich ...

Bedingungen

3. Lebenssituation der Kinder und Eltern

Ist die Wohnumgebung der Kinder gleichzeitig Einzugsbereich der Einrichtung? Berufstätigkeit der Eltern, Ausländeranteil, alleinerziehende Elternteile ... dies muss für jede Gruppe neu überlegt werden, in dem Konzept können Anhaltspunkte dazu stehen ...

Analyse

4. Ziele für die pädagogische Arbeit mit Kindern und ihre Begründung

4.1 Entwicklungsbedingungen und -möglichkeiten des einzelnen Kindes in der Einrichtung
(Rechte des einzelnen Kindes, Individualität und eigene Interessen in Bezug auf Erwachsene und die Kindergruppe ...)

Pädagogische Ziele

4.2 Soziale Kontakte zwischen den Kindern und zwischen Kindern und Erwachsenen
(Die Bedeutung der Gruppe für das einzelne Kind, Beziehung der Gruppen zueinander, Konfliktlösungen, Regeln, Freiräume ...)

4.3 Angebote und integrative Förderung in verschiedenen Entwicklungsbereichen
(Erfahrungsmöglichkeiten innerhalb und außerhalb der Einrichtung, Bedeutung des Spiels, Förderung der sprachlichen Entwicklung, Bewegungsmöglichkeiten für Kinder in der Einrichtung, Umgang mit Räumen, Material und Zeiten ...)

4.4 Gesundheit und Ernährung
(Essenssituation, Küche, Schlafen, Hygiene und Pädagogik ...)

5. Mögliche Formen pädagogischer Arbeit

*Angebots-
vielfalt* Freispiel, Projekte, Angebote, Schulvorbereitung, Schularbeiten, Außenaktivitäten ...

Der Tag ## 6. Exemplarischer Tagesablauf

7. Ziele und Formen der Zusammenarbeit mit den Eltern und Begründung

Mit den Eltern Formen der Elternarbeit und Mitbestimmung, Informationen, Klären der gegenseitigen Erwartungen, Schaffung einer vertrauensvollen Atmosphäre ...

8. Zusammenarbeit der Mitarbeiterinnen

*Mit den Mit-
arbeiterinnen* 8.1 Zuständigkeiten
   – Gesamtteam
   – Leiterin
   – Gruppenerzieherinnen / Zweitkräfte
   – Praktikantinnen
   – Wirtschaftskräfte
   – Hausmeister
8.2 Mitarbeiterbesprechungen
   (was, wann, wie oft und mit wem ...)
8.3 Fortbildung

9. Zusammenarbeit mit anderen Institutionen

*Öffnung nach
außen* Mit wem?
Worum geht es und wie oft ...?

Ich leite einen Kindergarten und habe dafür „mein" Konzept.

„Mein" Konzept
als Leiterin Im Leitungskonzept definiert die Leiterin, wie sie ihre Leitungsaufgaben versteht und realisieren will.

Wie bereits erwähnt, strömt auf die Erzieherin eine Menge von Aufgaben ein, wenn sie die Leitung des Kindergartens übernimmt. Für den Erzieherberuf hat sie eine einschlägige Ausbildung und Praxis. Leiterin wird sie „eben so", ohne Vorbereitung, Einführung oder Schulung.

Aufgabe Manchmal erhält sie zumindest eine Stellenbeschreibung, in der ihre vielfältigen Aufgaben aufgeführt sind. Wie sie die Aufgaben neben der pädagogischen Gruppenführung erfüllen soll und kann, steht nicht in der Stellenbe-*Kompetenz*schreibung. Je nachdem, welche „Naturbegabung" sie mitbringt, gelingt ihr der Einstieg in die neue Rolle so recht und schlecht. Kurse und Fortbildungsangebote können in den ersten Berufsjahren wegen mangelnder Angebote oder betrieblicher Rahmenbedingungen (Zeit und Geld) vielleicht nicht besucht werden.

Zum
Schaubild 4 Das folgende Schaubild zeigt den Kreislauf einer organischen und erfolgreichen Erfüllung von Leitungsaufgaben. Von fünf Schwerpunkten wird der Regelkreis gestützt:

- Leiten durch Zielvorgaben
- Leiten nach dem Prioritätsprinzip
Verantwortung - Leiten durch Delegation von Verantwortung
- Leiten durch Motivation
- Leiten durch Kommunikation und Kooperation

Eine wichtige Grundvoraussetzung für die Leitungstätigkeit ist, dass *Aufgaben, Kompetenz und Verantwortung* einander genau entsprechen, sonst sind Unsicherheit, Überforderung oder gar Fehlverhalten keinesfalls auszuschließen.

Schaubild 4

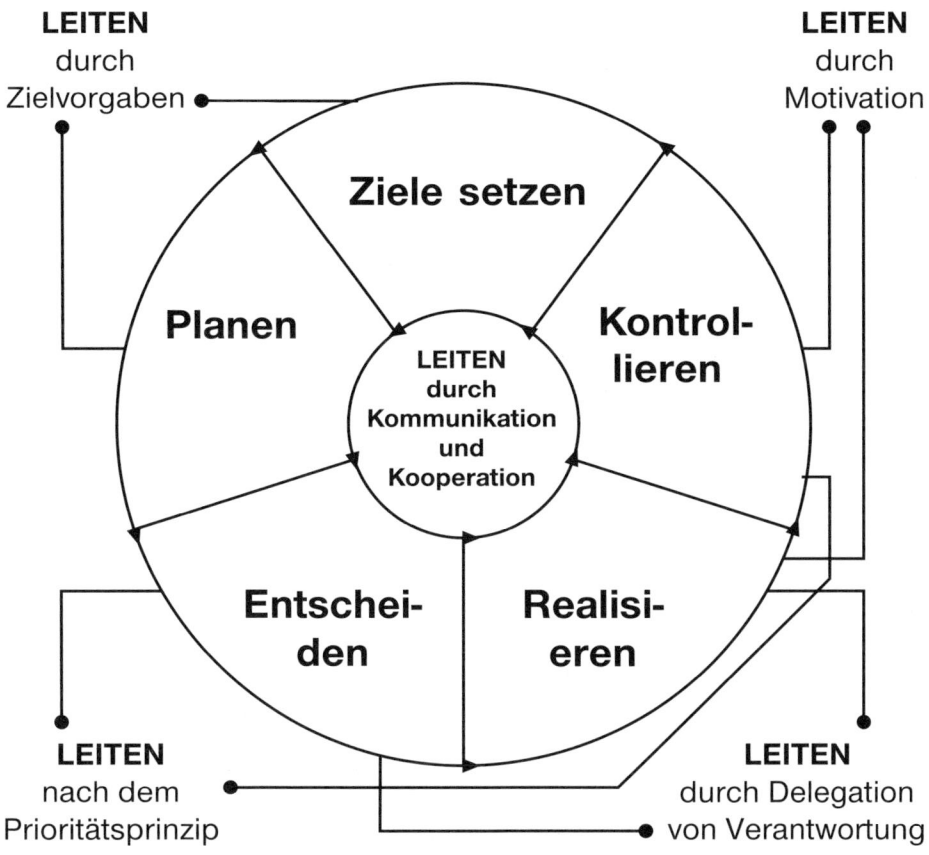

LEITEN
durch
Zielvorgaben

LEITEN
durch
Motivation

Ziele setzen

Planen

**Kontrol-
lieren**

LEITEN
durch
Kommunikation
und
Kooperation

**Entschei-
den**

**Realisi-
eren**

LEITEN
nach dem
Prioritätsprinzip

LEITEN
durch Delegation
von Verantwortung

(Nach Kursmaterial aus dem Institut für Erwachsenenbildung und Kommunikationsforschung der Aktion Mitverantwortung e. V. Würzburg)

Der Regelkreis steht auch für ein systematisches, logisches Vorgehen.

Systematisch-logisches Denken und Handeln

(entnommen aus Paula Lotmer und Edmond Tondeur: Führen in sozialen Organisationen, Paul Haupt Verlag, Bern):

Die Grundfragen

– Wo stehe ich?
– Wohin will ich?
– Welche Wege gibt es dorthin?
– Welchen Weg wähle ich? – Nachdem ich dem gewählten Weg gefolgt bin:
– Bin ich an meinem Ziel angekommen?

In Stichworten:
– Situationsanalyse oder Ist-Zustand
– Zielsetzung oder Soll-Zustand
– Lösungsvarianten oder Verfahren, Methoden
– Lösungswahl oder Methodenwahl
– Durchführung oder Plan und Ablauf
– Auswertung oder Ist-Soll-Vergleich

Die Tätigkeiten

1. Situation analysieren: Wo stehe ich?
– Ausgangssituation erfassen und beschreiben:
– Informationen sammeln, ordnen, in Zusammenhänge bringen, beurteilen, gewichten.
– Entscheiden, ob etwas an der Situation geändert werden soll: Veränderungsmöglichkeiten und ihre Vor- und Nachteile abschätzen, Werte, Normen und Interessen erkennen. Entwicklungstrends einbeziehen. Hilfsquellen und Hindernisse für eine Veränderung ermitteln, Wichtigkeit und Dringlichkeit beurteilen.

2. Ziele setzen: Wohin will ich?
– Festlegen, wann die neue Situation, der veränderte Zustand, erreicht werden soll: Teilziele festlegen.
Ziele konkret und exakt beschreiben, Termine bestimmen, Rahmenbedingungen formulieren. Denkbare Nebenwirkungen überlegen.

– Verschiedene mögliche Lösungen erarbeiten: Informationen über bekannte Lösungen sammeln, situative Lösungen erfinden, Kombinationen kreieren, dabei neue kreative und spielerische Verfahren ausprobieren.

3. Lösungsvarianten ausarbeiten: Welche Wege gibt es dorthin?

– Die beste Lösung auswählen: Kriterien für die Beurteilung der Varianten formulieren, Kriterien gewichten, Varianten bewerten, sich für die beste entscheiden.

4. Lösung wählen: Welchen Weg wähle ich?

– Alle Maßnahmen planen, anordnen und durchführen, welche für Veränderungen nötig sind: Durchführungsplan aufstellen, Termine bestimmen, Verantwortlichkeit festlegen, durchführen, begleiten, kontrollieren, dabei Sachebene und psychologische Ebene berücksichtigen.

5. Die gewählte Lösung durchführen: Ich gehe den Weg!

– Die neue Situation mit dem gesteckten Ziel vergleichen: Erreichten Zustand und Einhalten des Termins beschreiben und anhand der festgelegten Kriterien beurteilen. Nebeneffekte einbeziehen, Verlauf beschreiben und bewerten, Folgerungen aus den Ergebnissen ziehen.

6. Auswerten: Habe ich mein Ziel erreicht?

Mit Schritt 6 führt der Kreis des Denkens und Handelns zurück zu Schritt 1 (Regelkreis).

Leiten durch Zielvorgaben

Im Rahmen einer Fortbildung haben Leiterinnen sich mit dem Schaubild 4 und den fünf Schwerpunkten auseinandergesetzt. Der Regelkreis eines Arbeitsprozesses wurde auch innerhalb der Fortbildung methodisch erfahrbar. Für Leiterinnen in Kindergärten sind Begriffe wie Entscheidungen fällen, Prioritäten setzen oder kontrollieren fremd und werden daher zunächst verneint oder als zu „behördlich" empfunden. Innerhalb einer Leitungskonzeption erscheint der Regelkreis jedoch einleuchtend. Die Leiterin hat in der Regel keine klaren Zielvorstellungen für ihre Aufgaben, wenn sie diese Funktion übernimmt.

Ziele und ihre Konsequenzen

„*Wenn meine Ziele klar sind, erreiche ich sie ohne übertriebene Geschäftig-
keit*" (Laotse).
Ziele sind Maßstäbe für die konkreten Leitungsaufgaben im Kindergarten.
Ziele beinhalten das „Wozu" meiner Aufgaben, meiner Tätigkeit, meiner Leistung.
Die folgenden Zielformulierungen sind im wesentlichen das für die Gruppe
der Leiterinnen wichtige Ergebnis der oben genannten Fortbildung:

*Mit dem
Team*

1. Das Konzept des Kindergartens werde ich gemeinsam mit allen Teammit-
gliedern erstellen. Dabei will ich die Mitverantwortung, das partnerschaftli-
che Miteinander, die berufliche Kompetenz und die Offenheit für Neues för-
dern.
– Ich schaffe mir Raum, um alle Mitarbeiterinnen mit ihren Stärken und
Schwächen kennenzulernen.
– Ich schaffe den Mitarbeiterinnen Raum für eine offene, kritikfähige, verant-
wortungsbewusste, loyale und menschliche Arbeitsbeziehung.
– Ich treffe klare Kompetenzabsprachen.
– Ich bin verbindlich und konsequent in meiner Arbeitshaltung.
– Ich gebe klare und eindeutige Arbeitsaufträge.
– Ich delegiere Verantwortung.

*Mit den
Eltern*

2. Ich will den Kindergarten für die Eltern öffnen, ihre Interessen und Bedürf-
nisse verstehen und akzeptieren, ihre Fähigkeiten und Möglichkeiten in
Bezug auf ihre Kinder und den Kindergarten nutzen und integrieren.
– Ich pflege eine partnerschaftliche Kommunikation und Kooperation zu
den Eltern.
– Ich erkenne die Eltern als eine wichtige Stütze des Kindergartens an.

*Nach außen
vertreten und
vernetzen*

3. Ich vertrete den Stellenwert und die Belange des Kindergartens gegen-
über dem Träger und im Stadtteil (Dorf, Gemeinde). Ich werde die Vernet-
zungsmöglichkeiten mit anderen Institutionen anstreben und nutzen.
– Ich will eine stabile Balance zwischen der pädagogischen Arbeit in der
Gruppe und meinen Leitungsaufgaben erreichen.
– Ich will in Offenheit, Menschlichkeit, Sachlichkeit und Optimismus meine
Rolle als Leiterin wahrnehmen.
– Ich beobachte die sozialpolitische Entwicklung, Entscheidung und Vertre-
tung im Ort.

Leiten nach dem Prioritätsprinzip

Die Leiterin wird oft in Situationen kommen, in denen eine Aufgabenflut zu Ohnmachtsgefühlen führen kann. Alle Zielvorstellungen verschwinden dann im Nebel der Bewältigungsprobleme. Um zu einem Durchblick zu kommen, was welche Priorität bekommt, und um sich entscheiden zu können, können folgende Klärungsschritte hilfreich sein:

Welche Aufgabe, welcher Sachverhalt ist gemeint (z.B. Statistik erstellen, Teamgespräch, Aufnahmegespräch, Festvorbereitung etc.)?
Weches Ziel wird verfolgt?

1. Beschreiben

Wie wichtig, bedeutsam, wertvoll ist der Sachverhalt, die Aufgabe?
Wie dringlich muss sie erledigt werden?

2. Beurteilen, gewichten, bewerten

Welche Alternativen bieten sich an?
Was wäre dringlicher?
Für wen?
Wofür?

3. Vergleichen

Das Wichtigere, Dringlichere erhält Priorität!

4. Wählen, entscheiden

Eine andere Möglichkeit, Prioritäten zu finden und zu setzen, könnte nach dem sogenannten „Eisenhower-Prinzip" erfolgen.

Eisenhower-Prinzip

Dem Prinzip sind drei Gewichtungsaspekte zu entnehmen:

Der erste Aspekt bezieht sich auf jene wichtigen und dringlichen *Aufgaben, die von der Leiterin selbst und sofort erledigt werden müssen.*
Wenn eine Aufgabe im Kindergarten wichtig und dringlich ist, erhält sie die erste Priorität. Wichtige und dringliche Aufgaben sind in der Regel *unvorhersehbar* und nicht planbar, sind situativ und zweckgebunden. Sie fordern eine sofortige Entscheidung, eine unmittelbare Antwort, um etwas zu klären oder

Selbst und sofort zu erledigende, unvorhersehbare Aufgaben

um Unheil abzuwenden, Gefahren und Hindernisse zu vermeiden. Beispiele können sein, wenn im Kindergarten ein Unfall geschehen ist oder eine Epidemie ausgebrochen ist, wenn ein Wasserrohrbruch festgestellt wurde, eine Gefahr für die Kinder im Stadtteil droht ...

Vorhersehbare, planbare Aufgaben

Der zweite Aspekt verweist auf wichtige und dringliche *Aufgaben, die vorhersehbar sind.* Die Aufgaben sind planbar und können terminiert werden. Alle Aufgaben, die in einem Kindergartenjahr vorhersehbar sind, z.B. Statistik, Jahresbericht, Sitzungen des Elternbeirates, Treffen mit dem Träger, besondere Aktivitäten und Feste, Fortbildungstage, Briefe und Protokolle werden im Terminplan aufgeführt. Sie erhalten die zweite Priorität. Der Terminplan mit allen vorhersehbaren Aufgaben gibt der Leiterin die Chance, abzuwägen, welche Aufgaben sie unbedingt selbst erledigen muss und welche sie rechtzeitig delegieren kann.

Sofort delegierbare Aufgaben

Der dritte Aspekt betrifft jene *Aufgaben, die sofort delegierbar sind.* Diese Aufgaben erhalten die dritte Priorität.

Im Aufgabenbereich jeder Leiterin gibt es viele Aufgaben, die sie delegieren kann, weil sie nicht so dringlich und nicht so wichtig sind. Damit soll jedoch keine Wertung vorgenommen werden, die besagt, wichtige Dinge erledigt die Leiterin, unwichtige Dinge erledigen die übrigen Mitarbeiterinnen.

Am Beispiel Erstellen des Jahresberichtes möchte ich das verdeutlichen. Der pädagogische Jahresbericht muss zu einem bestimmten Stichtag für die staatliche Behörde erstellt werden. Die Wichtigkeit ergibt sich einmal aus der Verpflichtung dem Staat gegenüber, zum anderen aus der inhaltlichen Darstellung des Berichtes. Die inhaltlichen Aussagen belegen die Qualität und das Image des Kindergartens. Der Jahresbericht wird zur Visitenkarte. Das Schreiben mit der Schreibmaschine oder dem Computer kann die Leiterin an eine Mitarbeiterin delegieren. Damit soll ausgesagt sein, die Zeit für das Schreiben als formale Tätigkeit ist weniger wichtig und dringlich für die Leiterin. Dafür gewinnt sie Raum für die Besprechung mit dem Träger oder für ein Konfliktgespräch mit Eltern.

Weniger Wichtiges

Außerdem sei an dieser Stelle auch ausdrücklich vermerkt, dass es im Kindergarten weniger dringliche und weniger wichtige *Aufgaben* für die Leiterin oder Erzieherin gibt, *von denen „man" sich trennen sollte* oder die man anderen überlassen kann. Ich denke an so viel Zeit, die für Putz- und Reinigungsarbeiten vertan wird; ich denke an das „Basarunwesen" zur Weihnachtszeit; ich denke an viele vergeudete Stunden in den Dienstgesprächen oder Teamsitzungen, weil sie nicht vorbereitet und strukturiert sind; ich denke an die vielen sich ablösenden Festaktivitäten ... – auch „Feiern" kann zum Verdruss werden.

Das Image eines Kindergartens fällt deshalb oft ab, weil die Prioritäten verschoben sind oder weil es keine klaren Prioritäten gibt!

Leiten durch Delegation von Verantwortung

Delegieren ist das Übertragen von Aufgaben, Befugnissen und von Verantwortung aus dem Funktionsbereich der Leiterin an eine ihr unterstellte Mitarbeiterin.

Delegieren heißt somit Weitergabe von Aufgaben und Entscheidungsvollmacht an eine Mitarbeiterin. Die Mitarbeiterin trägt die Verantwortung für die sachgemäße Durchführung der übertragenen Aufgaben (die Handlungsverantwortung). Die Leiterin behält die Führungsverantwortung. Die Führungsverantwortung ist nicht delegierbar.

- Delegierte Aufgaben entlasten die Leiterin.
- Delegierte Aufgaben fördern und entwickeln die Fähigkeiten, Initiative, Selbständigkeit und Kompetenz der Mitarbeiterinnen.
- Delegierte Aufgaben bewirken bei den Mitarbeiterinnen eine positive Leistungsmotivation und Arbeitszufriedenheit.

Sinn und Zweck der Delegation

- Einzelne Aufgaben aus dem Arbeitsbereich der Leiterin, nämlich sogenannte B-Aufgaben und C-Aufgaben, einschließlich der notwendigen Entscheidungsvollmacht.
- Der Mitarbeiterin werden feste Aufgabenbereiche zugewiesen, die klar zu den Nachbarbereichen hin abgegrenzt sind (siehe Stellenbeschreibungen in Kapitel III).
- Innerhalb dieser Aufgabenbereiche hat die Mitarbeiterin alle Normalfälle selbständig zu bearbeiten und zu entscheiden. Lediglich außergewöhnliche Fälle sind unmittelbar mit der Leiterin zu klären.

Was wird delegiert?

– Wichtig ist, dass die Delegation von Aufgaben und Verantwortung für alle Teammitglieder erfolgt.

Wie wird delegiert?
Erfolgreiches Delegieren verlangt die Einhaltung bestimmter „Spielregeln".
– Die Mitarbeiterin muss die Aufgabe voll verstanden haben und zu ihrer Ausführung befähigt sein.
– Das Ziel muss klar und nachvollziehbar sein.
– Die zur Durchführung der Aufgabe notwendigen Mittel und Kompetenzen müssen ebenfalls übertragen werden.
– Der Termin muss genau festgelegt werden.
– Die Art der Kontrolle muss festgelegt werden.
– Scheindelegation und Rückdelegation ist zu vermeiden.

Gründe für Widerstände gegen die Delegation von Seiten der Leiterin
– Sie selbst ist unsicher und hat Angst, nicht alle Fragen der Mitarbeiterinnen beantworten zu können.
– Sie ist überzeugt, fähiger als alle ihre Mitarbeiterinnen zu sein.
– Sie fürchtet, sich durch Delegieren von Aufgaben eine Konkurrenz für die eigene Position zu schaffen.
– Sie selbst hängt an bestimmten Aufgaben.
– Sie glaubt, die Arbeit schneller erledigen zu können.

Widerstände von Seiten der Mitarbeiterinnen
– Die Mitarbeiterinnen verstehen die übertragenen Aufgaben nicht.
– Sie haben zu wenig Vertrauen in die eigenen Fähigkeiten.
– Sie fürchten sich vor Kritik der Leiterin und der Kolleginnen.
– Sie sind arbeitsmäßig bereits überlastet.
– Sie wollen für die Aufgaben nicht die Verantwortung und Entscheidung übernehmen.

Erfolgreiches Delegieren lässt sich aber nur erwirken, wenn die Ursachen und Wirkungen der Widerstände geklärt, aufgearbeitet und behoben werden können.

Leiten durch Motivation

Mitarbeiterinnen im Kindergarten zu motivieren, heißt: sie ermutigen, stützen, anregen, ihnen etwas zutrauen, ihre Fähigkeiten und Grenzen kennen und berücksichtigen. „Von einem guten Kompliment kann ich zwei Monate leben", sagt ein Sprichwort. „Nicht ausgesprochene Anerkennung ist vorenthaltener Lohn", meinen erfahrene Vertreter des Managements. Woher soll die Mitarbeiterin wissen, dass sie gut arbeitet und für den Kindergarten wichtig ist, wenn sie es nicht von der Leiterin erfährt? *Loben und kontrollieren*

Die eigentliche Motivation beinhaltet auch das Wesen der Kontrolle. Das Wort Kontrolle ist freilich sehr negativ besetzt. Deshalb betone ich das Wesen der Kontrolle im Sinne von auswerten, überprüfen, was, wie und warum es so und nicht anders gelaufen ist. Kontrolle in diesem Sinn birgt Chancen zum Lernen, gibt Impulse für Neues. Motivieren und Kontrollieren haben immer auch etwas mit den Bedürfnissen von Menschen zu tun.

Bedürfnisse von Menschen lassen sich nach dem Psychologen *Abraham Maslow* in einer fünfstufigen Pyramide darstellen. Die Pyramide zeigt die unterschiedliche Wichtigkeit von fünf verschiedenen menschlichen Bedürfnissen. Zwei Gesetzmäßigkeiten gelten in der Maslowschen Pyramide. *Schaubild 5*

Erstens: Ein bereits befriedigtes Bedürfnis wirkt nicht mehr länger motivierend. Zweitens: Die Bedürfnisse der jeweils unteren Stufe müssen auf der nächst höheren Stufe mit Aussicht auf Erfolg angesprochen werden können.

Beispiel

An einem Beispiel aus dem Kindergartenalltag möchte ich die wachsende Wichtigkeit der fünf menschlichen Bedürfnisse verdeutlichen und dann den Bezug zur Leiterin und ihren Mitarbeiterinnen herstellen:

*Grund-
bedürfnisse*

Claudia ist knapp vier Jahre alt und wird am ersten September zum erstenmal in den Kindergarten gebracht. Der erste Tag, die erste Woche, vielleicht auch der erste Monat ist für Claudia ungemein wichtig. Sie ist ganz davon in Anspruch genommen, sich in der neuen, ihr fremden Umgebung zurechtzufinden und die Trennung von der Mutter und dem Vater zu bewältigen. Ihr wichtigstes Grundbedürfnis ist, zu wissen: Wer ist für mich da, wenn die Mutti nicht mehr da ist? Wann und wo kann ich essen, zur Toilette gehen? Was und mit wem kann ich spielen? Kommt die Mutti auch sicher und holt mich ab? Claudias wichtigstes Grundbedürfnis ist zum „Überlebensbedürfnis" geworden. Wenn sie ausreichend Zeit und Gelegenheit hatte, das „Überlebensbedürfnis" zu befriedigen, wird sie gerne in den Kindergarten kommen und sich in dieser neuen Umgebung sicherfühlen.

Sicherheit

Das zweite Grundbedürfnis „Sicherheit" ist für Claudia wichtig, um sich riskieren, um etwas ausprobieren, um vielerlei tun zu können. Claudia kennt sich im Kindergarten aus. Sie weiß, wo und mit wem sie spielen will. Langsam bahnt sich in der Stabilisierungsphase des zweiten Grundbedürfnisses bereits das dritte Grundbedürfnis an.

*Soziale
Bedürfnisse*

Claudia nimmt nun gezielter und bewusster Kontakt zu den Kindern auf und spielt mit ihnen. Innerhalb dieser Phase erfährt sie alle Schattierungen der Beziehungsgestaltung, positive und negative. Auch für diese dritte Stufe gilt: Erst wenn die sozialen Bedürfnisse altersgemäß befriedigt sind, strebt Claudia die vierte Stufe der Grundbedürfnisse nach Anerkennung an.

Anerkennung

Claudia vertritt nun sich selbst und ihr Tun. Andere Kinder schätzen sie und wollen gerne mit ihr zusammensein. Auch die vierte Stufe bereitet die nächste bereits vor, nämlich die Stufe der Selbstverwirklichung.

*Selbstver-
wirklichung*

Claudia hat diese fünfte Stufe dann erreicht, wenn sie sagt: „Jetzt bin ich ein Schulkind." Jede Erzieherin kennt Kinder, die zu einem bestimmten Zeitpunkt die klare „Schulfähigkeit" ausstrahlen.

An diesem Beispiel wird deutlich, dass die Erfüllung bestimmter Bedürfnisse sich über einige Jahre ausdehnen kann.

Die von Maslow aufgezeigten Bedürfnisse und Wege der Erfüllung können auch sehr gut auf die Mitarbeiterbedürfnisse übertragen werden:

Bedürfnisse der Mitarbeiter nach Maslow

I. Grundbedürfnis
Überlebensbedürfnis
Hunger, Durst ...

– Lohn und Gehalt
– betriebliche Sozialleistung
– gute Arbeits- und Rahmenbedingungen
– geregelte Arbeitszeit
– Ausgleichsleistung für Überstunden

Chancen im Kindergarten, Bedürfnisse der Teammitglieder zu befriedigen (Beispiele)

II. Sicherheitsbedürfnis
zukunftsorientiert
Überlebensbedürfnis

– Arbeitsplatzsicherheit (Kündigungsschutz)
– Sicherheit für Berufsanfängerinnen
– Sicherung älterer Mitarbeiterinnen
– Arbeitsplatzsicherung
– Wiedereinstiegssicherung
– Verdienstsicherung

III. Soziale Bedürfnisse
Anerkennung in der Gruppe,
Liebe, Kontakt, Freundschaft

– Teamarbeit – Teamkultur
– Kooperation und Kommunikation
– Berufssolidarität
– gemeinsame Aktionen, Feste
– und besondere Anlässe

IV. Bedürfnis nach
Anerkennung, Ansehen,
Einfluss, Macht, Stolz

– Aufstiegsmöglichkeiten (Funktionsstelle)
– Verantwortungsübernahme (Delegation)
– Entscheidungsbefugnisse (Delegation)

V. Bedürfnis nach
Selbstverwirklichung

– freie Arbeitsplatzgestaltung
– Eigengestaltungsmöglichkeit der Arbeit

Leiten durch Kommunikation und Kooperation

„Man kann nicht nicht kommunizieren" (Paul Watzlawick)

Diese Grundbedingung der Kommunikation besagt, dass jedes Verhalten Mitteilungscharakter hat. Kommunikation ist immer Interaktion, ein Wechselprozess. Zwischen zwei oder mehreren Personen geschieht etwas, wenn sie zusammenkommen, selbst wenn sie schweigen.

Angenommen, ich steige in die U-Bahn ein. Ich setze mich auf einen freien Platz und grüße den Platznachbarn. Er reagiert, indem er wegschaut. Kommunikation kommt nur zustande, wenn sich wenigstens einer zu einem anderen auf den Weg macht, um mit ihm zusammen zu sein oder um ihm etwas mitzuteilen.

Es gibt keine „reine" zwischenmenschliche Kommunikation

Wenn Erzieherinnen miteinander reden, die ihre eigene Geschichte haben, die vielleicht gerade schlecht gelaunt, müde oder gereizt sind, dann kann die Kommunikation schwierig werden. In der zwischenmenschlichen Kommunikation gibt es keine „reinen" Informationen!

Wer zu sagen versucht, was ihn beschäftigt und bewegt, macht etwas offenbar. Das ausgesprochene Wort hat größere Realität als der bloße Gedanke. Das ausgesprochene Wort sowie die Gebärde sind eindeutiger als nur das innere Erleben und wirken klärend auf dieses zurück.

Im ausgesprochenen Wort liefere ich mich dem Hörer aus. Das Vertrauen, das ich ihm schenke, weckt in ihm die Zuwendung zu mir und die Bereitschaft, wirklich verstehen zu wollen.

Nonverbale Mitteilungen verstehen

Im Hörer vollzieht sich der Übersetzungsprozess von innerer in äußere Sprache in umgekehrter Richtung, so dass in ihm ähnliche Empfindungen, Bilder und Gedanken lebendig werden wie im Sprecher. Dabei helfen ihm auch die nichtsprachlichen Ausdrucksmittel des Sprechers (Gesten, Mimik, Körpersprache, Tonfall etc.). Wenn dieser Vorgang gelingt, ist nun auch der Hörer innerlich bewegt und hat seinerseits das Bedürfnis, sich zu äußern und den ursprünglichen Sprecher daran teilnehmen zu lassen. Der Sprecher wiederum merkt an der Antwort, ob er verstanden wurde, ob sich eine Vereinigung im Verstehen vollzogen hat. Ist dies der Fall, vertieft sich die Kommunikation zwischen den beiden, andernfalls erfährt sie eine Belastung.

Auch wenn der Hörer genau verstanden hat, antwortet er doch als ein anderer. Dadurch leiht er dem Sprecher seine Erfahrung oder Einsicht und erweitert bzw. vertieft so die Erkenntnis. Diese Erkenntnis, die als ausgesprochene Wirklichkeit zwischen zwei Menschen steht, hat eine neue Qualität der Verbindlichkeit.

Der Kommunikationswissenschaftler Friedemann Schulz von Thun hat solche Erkenntnisse in einem kommunikationspsychologischen Modell verdeutlicht:

Schaubild 6

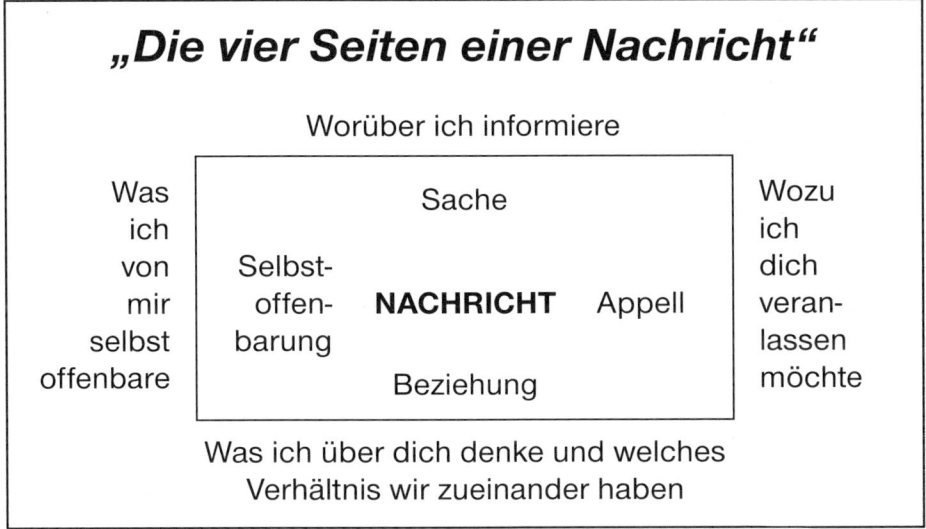

„Die vier Seiten einer Nachricht"

Worüber ich informiere

| Was ich von mir selbst offenbare | Selbstoffenbarung | Sache
NACHRICHT
Beziehung | Appell | Wozu ich dich veranlassen möchte |

Was ich über dich denke und welches Verhältnis wir zueinander haben

Aus: Friedemann Schulz von Thun, Miteinander reden, Sachb. 7489, © 1981 Rowohlt Taschenbuch Verlag GmbH, Reinbek

In jeder Nachricht sind neben den Sach- und Beziehungsaspekten auch Aspekte der Selbstoffenbarung (wie es mir geht) und Appelle an andere enthalten. Gleichzeitig wird immer einer von diesen Aspekten besonders betont, sowohl bei dem/der Sprechenden als auch bei dem/der Zuhörenden. Auch beim Zuhören bin ich Sender/-in von Botschaften, allein indem ich dastehe oder dasitze, den Kopf oder Teile des Gesichts bewege. Beim Sprechen sende ich auf verschiedenen Kanälen durch das, was ich sage und nicht sage, durch die Art, wie ich rede, aber auch durch die Art, wie ich da bin, Blickkontakt halte und vieles mehr.

Auch der Hörer sendet

Direkte und indirekte Botschaften

Versuchen Sie, die vier Seiten einer Nachricht an einem Beispiel nachzuvollziehen: Das Kindergartenteam kommt einmal wöchentlich um 17^{30} Uhr zu einer zweistündigen Dienstbesprechung zusammen. Vereinbarungsgemäß

Beispiele

kann während der Besprechung Tee getrunken werden. Wer Zeit hat, kocht den Tee.

Die Leiterin sagt zu Beginn der Dienstbesprechung: „Der Tee steht ja nicht auf dem Tisch!"

Der Satz beinhaltet:

- die Sachinformation der Sprecherin: Ich informiere darüber, daß der Tee auf dem Tisch nicht zu sehen ist;
- die Selbstoffenbarungsbotschaft der Sprecherin: Ich habe keine Lust, ihn zu holen. Ich ärgere mich darüber, daß er nicht da ist;
- ihre Beziehungsbotschaft: Ihr seid dafür zuständig, daß der Tee auf den Tisch kommt;
- den versteckten Appell: Holt den Tee!

Zum Üben Folgende Sätze können Sie einmal beispielhaft ausprobieren und die Zuordnung der vier Seiten einer Nachricht vornehmen:

„Der Papierkorb ist voll!"

„Wie sieht es denn hier aus?"

„Die Tür steht ja offen!"

Versteckte Botschaften wahrnehmen Diese Beispiele können verdeutlichen, was versteckt an Appellen, Beziehungs- und Selbstoffenbarungsbotschaften in scheinbar harmlosen Aussagen mitschwingt.

Wenn Sie solche Übungen über einen längeren Zeitraum für sich auswerten, wächst Ihre Sensibilität, versteckte Botschaften rascher zu erkennen und dann erst darauf zu reagieren. Im Alltagsgewirr reden und reagieren wir, ohne uns über die versteckten Botschaften klar zu werden. Oft wissen wir es danach – am Abend oder am nächsten Tag. Dann versandet der Eindruck auch wieder schnell. Es bleiben aber ungute Gefühle, Ärger oder eine gewisse Unsicherheit.

Was belastet ein Gespräch? Wenn ein Gespräch problematisch oder schwierig verläuft, ist es wichtig, genau zu spüren und hinzuhorchen, wieso und wodurch die Situation belastet ist. Hilfreich kann dabei sein, dass Sie das, was Sie spüren oder wahrnehmen, laut aussprechen und so überprüfen, ob Sie richtig liegen. Sie sprechen die oft unausgesprochenen Gefühle der anderen an, die bei Ihnen angekommen sind: „Wut, Müdigkeit, Traurigkeit, Aggressivität, Enttäuschung ..." Und Sie äußern Ihre eigenen Interessen, Bedürfnisse, Wünsche und Gefühle etwa so: „Ich kann das verstehen, aber ich ..." Oder Sie gehen auf die häufig geäußerten Appelle ein, indem Sie Ihre Wahrnehmung überprüfen und nachfragen: „Heißt das jetzt ...?" – „Möchtest du ...?" Oder Sie reagieren nicht mehr nur auf die Appellseite, sondern wenden Ihr Ohr bewußter auch den anderen Seiten des Gesagten (und Ungesagten) zu.

Hinderungsgründe für das Gelingen von Kommunikation

– Hemmungen („ob mir etwas Gescheites einfallen wird").
– Angst vor Durchschaut- oder Verletztwerden.
– Erwartungsanspruch.
– Eine Ausdrucksweise ohne ernsthaftes Bemühen um Übereinstimmung zwischen innerer und äußerer Sprache.
– Das Erschrecken vor dem ausgesprochenen oder auszusprechenden Wort (aus Angst vor der Wirklichkeit oder dem Gegenüber) und das Verschweigen oder Verschleiern der ganzen Wahrheit.
– Ununterbrochenes Reden-Müssen, ohne auf die Antwort hören zu können.

Im Hinblick auf den Sprecher

– Er versteht nicht, weil er nur mit halbem Ohr zuhört, selbst von etwas anderem besetzt ist.
– Er versteht nicht, weil für ihn manche Worte des Sprechers mit anderem Inhalt (anderen Erlebnisqualitäten) verbunden sind.
– Er lässt sich nicht auf die Kommunikation ein, weil ihm das entgegengebrachte Vertrauen unangenehm ist.
– Er benutzt ein Stichwort des Sprechers, um selbst zu reden.

Im Hinblick auf den Hörer

Körperliche Botschaften in der Kommunikation

Oft drücken wir körpersprachlich aus, was wir sprachlich nicht erwähnen. Denken Sie an die Situation im Kindergarten: Ein Kind ist gefallen und hat sich verletzt. Neben den tröstenden Worten wirken wahrscheinlich Ihre haltenden, streichelnden Hände, das Kind auf den Schoß nehmen usw. weitaus mehr.
Sie kennen auch die Situation, dass Sie Ihrem Träger deutlich machen wollen, wie wichtig die Anschaffung eines Spielgerätes ist. Weil Sie sich unsi-

Beispiele

cher fühlen und Angst haben, ob er sie versteht, verhaspeln Sie sich und bringen überzogene Begründungen. Der Träger spürt Ihre Nervosität, Unruhe und verkrampfte Haltung.

Körper, Stimme, Mimik drücken mehr aus als das Wort

Es gibt Schätzungen, die besagen, dass in der Kommunikation 38 Prozent durch das gesprochene Wort und 55 Prozent durch Körpersprache vermittelt werden. Wir nehmen also mehr die Körpersprache wahr als über das bloße Wort.

Die Stimme in ihrer Lautmalerei kann Zuneigung, Ärger, Freude, Trauer oder Zärtlichkeit ausdrücken. Kinder sind geradezu Weltmeister darin, den Klang der Stimme auf ihre Bedürfnisse und Wünsche abzustimmen. Sie können ihre Botschaften mit der Stimme klanglich sehr gut gestalten oder auch Erwachsene an ihrer Stimme einschätzen.

Gleichbedeutend ist der jeweilige Gesichtsausdruck, die Mimik, die eine deutliche nonverbale Sprache ausdrücken kann.

Das Reden mit Händen und Füßen wird nicht nur im fernen Urlaubsland praktiziert, sondern ist täglich auch bei uns anzutreffen, wenn auch in etwas verhalteneren Formen.

In der folgenden Übersicht finden Sie weitere Anregungen dazu, entnommen aus Norbert Jung / Monika Haas: Welche Signale sendet der andere? © 1993 Südwest Verlag GmbH & Co. KG, München:

Körpersprachliche Signale

Welche Signale sendet der andere?

- Annäherungs-, Zuwendungssignale:
  Räumliche Annäherung, Blickkontakt, Ansprechen, Zuwendung in der Körperorientierung, ausgestreckte, nach oben offene Hände, „offenes" Gesicht.

- Abwendungs-, Abweisungssignale:
  Wegdrehen, wegbiegen, Armverschränkung, abweisende, wegwerfende oder drohende Gesten, wegsehen, Hochmuts-(Verachtungs-)mimik, Drohmimik, plötzlich laut einsetzende Stimme.

- Bestätigungssignale:
  Im Gespräch nicken, Hm sagen, berühren, streicheln, lächeln, entspannte Stimme.

- Bindungssignale:
  Lächeln, z. T. auch Lachen (verbindet), Berührung, Haltungsecho, Alltagsgespräche, räumliche Nähe, Trauermimik.

- Kontaktsignale:
  Begrüßungen (Hand reichen, Augengruß), Blick, Ansprechen.

- Dominanzsignale:
  Kinn heben, straffe Haltung, wenig Blickkontakt, z. T. Körpervergrößerung, ausgedehnte Redezeit, Berührung anderer, relativ häufige Illustrator-Gesten, asymmetrische Körperhaltung.

- Unterlegenheitssignale:
  Viel Blickkontakt, ängstliche Mimik, gespannte symmetrische oder gebeugte Haltung, viel z. T. unechtes Lächeln, körperbezogene Gesten.

- Konfliktsignale:
  Übersprung-Gesten, verschiedene, gleichzeitige mimische Ausdrücke, Schulterzucken und Handdrehbewegungen.

Kommunikationsgrundformen

Es allen recht machen wollen *Typische*
Worte   – übereinstimmend, einschmeichelnd: Was immer du willst, ist ok *„Äußerungen"*
           für mich.
Körper – hilflose Haltung.
Gefühle: Ohne dich bin ich nichts wert.

Beschuldigung
Worte   – anklagend: Du machst alles falsch.
Körper – angespannt, fordernd.
Gefühle: Ich bin allein, ich habe keinen Erfolg.

„Computer", Besserwisser
Worte   – sehr intellektuell: Man müsste sich überlegen, ob es nicht wichtig wäre ...
Körper – ruhig, beherrscht, gespannt.
Gefühle: Niemand kommt an mich heran, ich bin sehr verletzbar.

Irrelevant, ablenkend
Worte – nicht zum Thema passend.
Körper – motorische Unruhe.
Gefühle: Niemand mag mich, nirgends ist Platz für mich.

Übereinstimmend
Worte, Mimik, Gestik, Gefühle, Klang der Stimme und Haltung stimmen überein.

Fünf Freiheiten, die helfen können

Bewußtes Einüben
– Ich mache mir Kommunikationsgrundformen bewusst.
– Selbsterleben der Kommunikationsgrundformen (Muster), in Gruppen spielen.
– Ich frage nach, was der andere meint.
– Ich schärfe meine Wahrnehmung: Unterschiede sehen – denken – hören – fühlen.
– Ich beobachte meine Kommunikationsprozesse.
Die Grundlagen für die Kommunikation sind wichtige Voraussetzungen für eine befriedigende Kooperation.

Kooperation im Kindergarten

Wichtige Voraussetzung: das gemeinsame Ziel
Kooperation meint die Zusammenarbeit der Leiterin mit allen am Kindergartengeschehen beteiligten Personen wie Eltern, Träger, Mitarbeiterinnen, Hausmeister, Raumpflegerinnen und allen Personen von Schulen und Ämtern.
Kooperation im Kindergarten versteht sich als eine lebendige Kommunikation und fruchtbare Zusammenarbeit.
Kooperation im Kindergarten ist mehr als bloß organisatorische Absprache. Basis für das gemeinsame Tun in den verschiedenen Aufgabengebieten ist der gemeinsame Auftrag, für die Kinder geeignete Spiel- und Lebensräume zu gestalten. Das Kindergartenteam ist Fach- oder Expertenteam für die

Gestaltung der Spiel- und Lebensräume und von daher ganz besonders auf klare und offene Kooperationsformen angewiesen. Zum Kindergartenteam gehören die Leiterin, die Gruppenerzieherinnen, die Kinderpflegerinnen, die Vor- und Berufspraktikantinnen.

In regelmäßigen Dienstgesprächen werden neben den notwendigen Terminplanungen und Fragen der Arbeitsorganisation auch anstehende Konflikte und Probleme der Kinder oder Teammitglieder beraten und geklärt. Die gegenseitige Information über die eigenen Erfahrungen und Erlebnisse sowie der regelmäßige Austausch sind selbstverständlicher Bestandteil kooperativen Arbeitens.

Wichtig für die Zusammenarbeit im Kindergarten ist, dass jede Mitarbeiterin ihre individuellen Fähigkeiten einsetzen kann. Die kooperative Arbeitsweise ermöglicht ferner, dass Fähigkeiten und Stärken der einzelnen Teammitglieder in der Aufteilung der Dienste stärker berücksichtigt werden können.

Die Kooperation ist Voraussetzung dafür, dass unterschiedliche Arbeitsaufträge, berufliche Qualifikationen und Persönlichkeitsstrukturen sowie verschiedene Begabungen und Neigungen zur Gemeinsamkeit oder Einheit führen.

Die menschliche Grundlage für eine gelungene Kooperation ist – vor aller Planung und Arbeitsorganisation – der Respekt vor der anderen Person, ihre selbstverständliche Annahme, die Annahme dessen, was sie tut, ihrer Aufgaben, ihrer Persönlichkeit, ihrer Identität und ihres Rechts, so zu sein, wie sie ist – also die Annahme ihrer Individualität.

Wichtige Voraussetzung: der Respekt voreinander

Gelingt die Zusammenarbeit in dieser Hinsicht, fördert sie Prozesse der Identitätsbildung sowohl in beruflicher als auch in persönlicher Hinsicht. In Zeiten beruflicher Krisen, gesellschaftlicher Anforderungen und persönlicher Verunsicherung vieler Erzieherinnen wird die Funktion kooperativer Arbeit besonders wichtig.

Kooperation im Kindergarten ist in vielen Alltagssituationen ein Fremdwort. Es fehlt der Zugang, das Verständnis für diese konstruktive Arbeitsform. Auf wen kommt es denn an, wenn die Zusammenarbeit im Kindergarten gelingen soll? Muss sich die Leiterin „alle Schuhe für ein Gelingen anziehen"?

Das folgende kleine Spiel von *Tobias Brocher* kann erhellend wirken. Ich möchte die Leiterinnen ermutigen, dieses Spiel einmal im Team anzubieten. Das Ergebnis ist oft verblüffend.

Ein Kooperationsspiel

Das Quadratespiel

(nach Tobias Brocher, Gruppendynamik und Erwachsenenbildung, Westermann TB 1976, Rechte beim Autor)

Elemente des Verlaufs

Für dieses Spiel sind fünf Quadrate notwendig, die, wie aus der Skizze zu ersehen, zugeschnitten, bezeichnet und für jede Gruppe in fünf Umschläge verteilt werden. Die einzelnen Stücke sind so auf die Umschläge verteilt, dass kein Gruppenmitglied allein ein ganzes Quadrat zusammensetzen kann. Umschlag 1 enthält: i, h, e; Umschlag 2: a, a, a, c; Umschlag 3: a, j; Umschlag 4: d, f; Umschlag 5: g, b, f, c.

Spielregel

Die Regeln sind wie folgt: Es gibt pro Gruppe fünf Spieler. Jeder in der Gruppe erhält einen Umschlag mit verschiedenen Teilen. Jeder Spieler versucht nun, ein gleich großes Quadrat zu erstellen. Die Teile, die er dafür nicht braucht, legt er in die Mitte des Tisches, damit ein anderer Spieler sie für sein Quadrat gebrauchen kann. Jeder Spieler arbeitet für sich, es darf nicht gesprochen werden.

Zunächst werden die Teilnehmer in Fünfergruppen eingeteilt und die Spielregeln erklärt. Jede Gruppe erhält fünf geschlossene Umschläge, die an die Mitglieder verteilt werden!

Die Teilnehmer spielen nun, bis alle in der Gruppe ein gleich großes Quadrat gebildet haben.

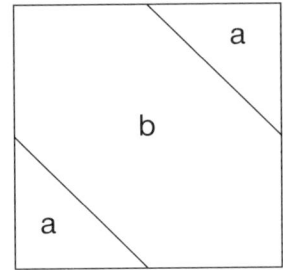

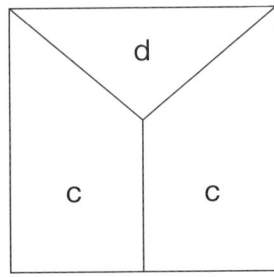

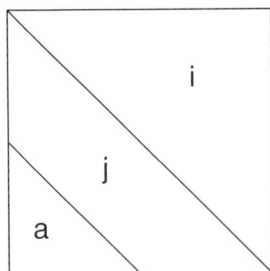

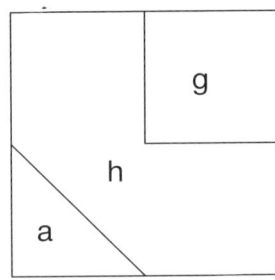

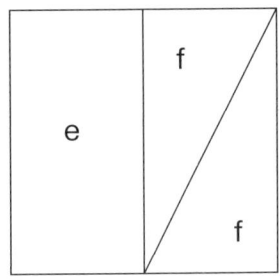

Nach dem Spiel werden im Gespräch positive und negative Verhaltensweisen herausgearbeitet, die das Spiel beeinflusst haben. Z.B.: Auf die Bedürfnisse der anderen Spieler zu achten und immer wieder Teile in die Mitte zu legen, kam dem Erfolg der ganzen Gruppe zugute. Herausarbeiten der kooperativen Verhaltensweisen in ihrer Bedeutung für die Spielgemeinschaft.

Übertragen Sie abschließend diese Erfahrungen auf die Zusammenarbeit und ihre „Spielregeln" im Kindergarten.

Mitarbeiterführung und Teamarbeit

Das Dilemma einer Führungskraft

Kommt man morgens zu spät,
ist man ein schlechtes Vorbild;
kommt man pünktlich,
gilt man als Aufpasser.

Geballter Frust

Ist man zu seinen Mitarbeitern freundlich,
will man sich anbiedern;
ist man zurückhaltend,
gilt man als hochnäsig.

Kümmert man sich um die Arbeit seiner Leute,
ist man ein Schnüffler;
tut man es nicht,
hat man von der Sache keine Ahnung.

Zwischen den Stühlen

Teilt man Lob aus,
ist man ein Schmeichler;
tadelt man,
wird man als Verleumder hingestellt.

Bleibt man abends etwas länger,
markiert man den Überbeschäftigten;
geht man pünktlich,
fehlt das Dienstinteresse.

Beharrt man auf seinem Standpunkt,
ist man stur;
tut man es nicht,
ist man wankelmütig.

Ist man älter,
gilt man als verkalkt;

ist man jünger,
hat man keine Erfahrung.

Hat man neue Ideen,
ist man ein Phantast;
bleibt man beim Alten,
gilt man als rückständig.

Ist das noch lustig?
(Quelle leider unbekannt)

Allen recht getan ...

Im konkreten Alltag kann es wirklich schwer sein, den Mitarbeiterinnen, den Eltern, den Kindern und dem Träger etwas oder gar alles „recht" zu machen. Der Text „Das Dilemma einer Führungskraft" will in Schwarzweißmalerei einige neuralgische Punkte treffen. Dazu schwingt noch zwischen den Zeilen eine resignative Stimmung mit.

Die Führungsaufgabe ist für die Kindergartenleiterin sehr schwer und mühsam. Die Identifizierung mit dieser Rolle ist mit ganz viel Vermeidung besetzt. Jede Leiterin will zunächst einmal grundsätzlich am liebsten Kollegin bleiben. Leider bekommt sie keine Einführung und Einarbeitung in ihre neue Rollenfunktion.

Unvermeidbares „Schicksal"?

Für jede Leiterin sind die Mitarbeiterinnen jedoch die wichtigsten und tragfähigsten Säulen, um gemeinsam die täglichen Anforderungen bewältigen zu können. Wenn Zusammenhalt, Mitdenken und Mittragen durch die Mitarbeiterinnen ausbleiben, wenn Rivalitäten und Spannungen ansteigen, dann wird das sogenannte „Leiterinnen-*Schicksal*" spürbar.

In den Kursen für Leiterinnen haben wir immer wieder versucht, Möglichkeiten und Wege zu erarbeiten, um für den Bereich der Mitarbeiterführung und Teamarbeit Orientierung und Hilfe zu bekommen. Drei Bereiche sind uns dabei wichtig geworden, die hier kurz erläutert werden sollen.

1. Wichtige Aufgaben der Mitarbeiterführung

Die folgenden Aufgaben wurden von den Kursteilnehmerinnen besonders hervorgehoben:

- Wichtig ist das Abstimmen der pädagogischen Arbeit und das Erstellen einer Konzeption. Dabei geht es vor allem um die gemeinsame Zielfindung, um die Angleichung bzw. Abklärung der Erziehungsstile und um die Vereinbarung von Kooperationsbedingungen und -formen. — *Abstimmen*

- Wichtig sind die regelmäßigen (wöchentlichen bzw. vierzehntägigen) *Mitarbeiterbesprechungen* oder *Teamgespräche* zur Information und Absprache aktueller Tages- und Wochenereignisse. Ferner dienen sie dazu, den Stand der geplanten Angebote und Projekte zu reflektieren oder über schwierige Situationen mit Kindern, Eltern oder auch einer Kollegin zu sprechen. — *Informieren und reflektieren*

- Wenn Vor- oder Berufspraktikantinnen im Kindergarten aufgenommen werden, müssen die Einführung, Anleitung und *Begleitung* geregelt werden.

- Die Mitarbeiterinnen brauchen fachliche *Beratung* und *Informationen*, die im Zusammenhang mit dem Kindergartengesetz, der Aufsichtspflicht, dem Gesundheitsamt, der Dienstordnung, der Fachberatung und Fortbildung etc. stehen.

- Alle Mitarbeiterinnen haben Anspruch auf *Beurteilung, Anerkennung* bzw. *Kritik*. Anerkennung als Folge positiven Verhaltens und überdurchschnittlicher Leistung. Dadurch fühlt sich die Mitarbeiterin im Kindergarten bestätigt. Ihr Selbstwertgefühl und ihre Sicherheit im Beruf sowie ihr Engagement für die Einrichtung werden gestärkt. — *Stärken und Schwächen*
Kritik bei negativem Verhalten oder ungenügender Leistung einer Mitarbeiterin soll zunächst Einsicht wecken sowie die konstruktive Zusammenarbeit erhalten, um derartige Fehler künftig zu vermeiden. Scheidet eine Mitarbeiterin aus, kann sie ein Zeugnis fordern, das die Leiterin erstellen muss. Regelmäßige Reflexionen und Beurteilungen erleichtern die Zeugniserstellung.

- Auch die persönlichen Kontakte zu den Mitarbeiterinnen, etwa anlässlich von Geburtstag, Krankheit, Hochzeit etc., dienen der Pflege der guten Mitarbeiterführung.

Der folgende Text „Von der Kunst, andere zu loben" ist als Anregung und Ermutigung gedacht, wenn die Verzweiflung zu groß wird.

Von der Kunst, andere zu loben

Lobe deinen Nächsten ...

Der Umgang mit den lieben Mitmenschen ist etwas vom Schwersten, das es gibt. Und es kann vorkommen, dass man manchmal verzweifelt, weil einem nichts mehr einfällt, was man eigentlich noch versuchen sollte, um das Zusammenleben erträglich zu gestalten. Gerade dann, wenn man völlig ratlos geworden ist, wird es einem am wenigsten einfallen, den zum Problem gewordenen Mitmenschen zu loben. Und doch ist das Loben ein Verhalten, das geradezu Wunder wirken kann. Ich sage das nicht so hin, ich habe es selbst über Jahre mit zwei Menschen erprobt, deren Verhalten mich vorher an den Rand der Verzweiflung gebracht hatte, weil weder Verständnis noch Kritik, weder Geduld noch Zorn etwas ausrichteten.

Ein lohnender Versuch

Ich habe dann eine Wendung um 180 Grad gemacht und mich darauf verlegt, alles, was ich nur Gutes und Erfreuliches an ihnen entdecken konnte, zu loben. Das ist am Anfang nicht leicht. Inzwischen ist man empfindlich geworden, sieht nur noch das Ärgerliche am anderen und möchte gleich in die Luft gehen. Als ich mich aufs Loben verlegte, musste ich meine Sehweise ändern: Wo ich nur Schwarz sah, musste ich nun das Weiße daneben und dazwischen sehen lernen, und wo ich Anlass zur Kritik erblickte, musste ich die andere Seite der Medaille entdecken, die eben doch Grund zum Loben bieten konnte. Und wenn ich vorher meinte, Geduld zu üben, indem ich schwieg, musste ich nun aktiv werden und etwas Gutes sagen.

Ich will auch gleich verraten, welche Auswirkungen das hatte. Ich kann nicht behaupten, dass die beiden Menschen sich geändert hätten. Sie sind, soviel ich sehe, für ihre Umwelt oft nach wie vor ein Problem. Für mich aber nicht mehr. Ich habe durch meine Übung, Lobenswertes an ihnen zu entdecken, so viel wirklich Liebenswertes gefunden, dass ich beide gegen Angriffe von anderen verteidigen kann, ohne lügen zu müssen.

Wie man in den Wald hineinruft ...

Vor allem aber hat sich das Verhalten beider mir gegenüber ebenfalls um 180 Grad geändert. Während sie mich vorher angriffen, haben sie nun großes Vertrauen zu mir, ja, sie hängen geradezu an mir. Beide erfahren von anderen so wenig Bestätigung, dass sie sich in meiner Nähe besonders wohl fühlen, und das ist denn wohl auch der innerste Grund dafür, dass Lob ein so wirksames Verhalten ist: Die meisten Menschen leiden darunter, dass niemand sich die Mühe macht, das Liebenswerte an ihnen zu entdecken und ihnen die Bestätigung zu geben, auf die schließlich jeder von uns angewiesen ist.

Aus: Hildegund Wöller: Einerseits – andererseits – meinerseits. Jeder Tag ist l(i)ebenswürdig, Kreuz Verlag, Stuttgart, Rechte bei der Autorin

2. Ziele der Mitarbeiterführung und deren Integration im Führungskonzept

Folgende Beispiele können die Zielfindung und Integration anregen:

Vertrauen bilden

– Die Leiterin soll den Mitarbeiterinnen ihrer Qualifikation entsprechend zutrauen, dass sie in der Gruppe selbständig und verantwortlich arbeiten.
– Die Leiterin soll eine Vertrauensbasis (Echtheit, Offenheit, Aufgeschlossenheit und Kritikfähigkeit) schaffen und die Motivation und Mitarbeit fördern.
– Die Leiterin soll eine gute kooperative Arbeitsgemeinschaft schaffen, in der sich jede Mitarbeiterin angenommen fühlt und ihren Fähigkeiten entsprechend eingesetzt ist.
– Die Leiterin soll den Mitarbeiterinnen Verantwortung übertragen durch klare Delegationsaufgaben.

Verantwortung übertragen

– Die Leiterin soll die Lernbereitschaft der Mitarbeiterinnen anregen und fördern: durch Fortbildung, Supervision, Fachzeitschriften und Buchtips.
– Die Leiterin soll gemeinsame Projekte im Kindergarten durchführen, auch unter Einbeziehung der Eltern, z.B. bestimmte Feste oder eine bewusste „Öffnung des Kindergartens", um so für Öffentlichkeitsarbeit und Imagepflege zu motivieren.

3. Teamentwicklung, Teamarbeit und Teamkultur

Zunächst möchte ich das Teamverständnis erläutern, das im Rahmen der Fortbildungsarbeit entstanden ist.

Voraussetzung: klares Rollenbewusstsein

Im Kindergarten kann von Teamarbeit dann gesprochen werden, wenn jede Mitarbeiterin ihre Rolle im Team klar erkennt und auch nach außen vertritt (Leiterin, stellvertretende Leiterin, Gruppenleiterin, Kinderpflegerin, Vorprak-

67

tikantin, Berufspraktikantin). Dazu kommt, dass alle Teammitglieder regelmässig zu festgesetzten Zeiten zusammenkommen, um wichtige Informationen weiterzugeben, um pädagogische Maßnahmen zu reflektieren und über Probleme der täglichen Arbeit zu sprechen. Das zentrale Thema eines Kindergartenteams ist die *gemeinsame Arbeit*. Dabei geht es um einen Prozess gegenseitiger Abstimmung und um die Vereinbarung bestimmter Regeln für pädagogische Maßnahmen im ganzen Kindergarten incl. Spielplatz. Es ist wichtig, dass die Kinder klare Orientierungen haben und die Mitarbeiterinnen sich nicht etwa gegenseitig ausspielen bzw. ausgespielt werden.

Eine wichtige Voraussetzung für die Leiterin ist, dass sie die Gegebenheiten der Teammitglieder kennt. Wenn die Leiterin wissen will, wer ihre Mitarbeiterinnen sind, welche Stärken und Schwächen oder welches Rollenverständnis sie haben, muss sie die gegebene Wirklichkeit genau wahrnehmen. Es geht dabei um die konkrete *Ist-Situation:*
Was ist unsere Teamsituation? Wer sind die Teammitglieder? Wo steht das Team? Wo steht die einzelne Mitarbeiterin im Team? Welche Gemeinsamkeiten gibt es? Welche Grenzen behindern die Teamarbeit? Wer hat welche Aufgaben, Kompetenzen und Verantwortung?

Die *Teamentwicklung* und die *Teamarbeit* können in unterschiedlichen Phasen verlaufen. Skizzenhaft werden hier zunächst vier typische Phasen der Teamentwicklung beschrieben. Alternativ weisen sechs Teamschritte ergänzend auf wichtige Aspekte der Teamentwicklung hin.

Die Phasen folgen einander im Normalfall, können aber je nach Einwirkung der Teammitglieder wieder auf eine Anfangsstufe zurückfallen.

In der Testphase begegnen sich die Teammitglieder höflich, aber unpersönlich, gespannt und vorsichtig.

Die Nahkampfphase ist geprägt von unterschwelligen Konflikten, von Konfrontationen, Rivalitäten und Konkurrenzkämpfen; es kommt zu Cliquenbildung; es ist sehr mühsam, einen Schritt weiter zu kommen; das Gefühl der Ausweglosigkeit kann zu einer Falle werden.

Neue Umgangsformen und Verhaltensweisen entwickeln sich. Rückmeldungen und Feedbacks werden situativ gegeben. Die unterschiedlichen Standpunkte klären sich und werden konstruktiv ausgewertet.

Die Teammitglieder sind reich an Ideen, sie agieren und reagieren offen und flexibel. Sie sind leistungsfähig, solidarisch und hilfsbereit.

4. Die Verschmelzungsphase

Sechs Schritte zur Teamentwicklung

Wer sind wir? Was haben wir gemeinsam? Innerhalb welcher Grenzen müssen wir arbeiten? Wer hat welche Fähigkeiten und welche Schwächen? Ehe sich ein Team nicht im klaren ist, welches seine wirkliche Situation ist, sind Versuche, sich auf Teamziele zu einigen, verfrüht und zum Scheitern „bestens geeignet".

1. Die Gegebenheiten: Was ist unsere Situation?

Welches Ziel wollen wir angehen? Welche verschiedenen Möglichkeiten bieten sich an? Ehe sich die Teammitglieder nicht wenigstens in allgemeiner Weise darüber geeinigt haben, kann die Teamarbeit nicht wirksam werden. Jene Mitglieder, die das Ziel nicht akzeptiert haben oder nur sehr wenig Einflussmöglichkeiten hatten bei der Wahl des Zieles, bleiben gerne auf sich bezogen. Je größer die Mitbestimmung bei der Wahl des Zieles, desto größer die Mitarbeit, desto größer die Bereitschaft, unmittelbare persönliche Interessen den gemeinsamen Teaminteressen unterzuordnen.

2. Die Ziele: Was wollen wir?

Welche Art des Vorgehens ist angebracht? Welche Mittel werden benötigt? Wer verfügt über diese Mittel? Wenn das Team daran geht, die besten Mittel, Wege und Methoden zur Erreichung ihres Zieles festzulegen, ist es wichtig, dass alle Mitglieder Initiative entwickeln können (einander zuhören), nachfragen, um Sachverhalte abzuklären, die sie nicht verstanden haben, Aufgaben bei der Ausführung übernehmen, die vorgeschlagenen Mittel überprüfen, ob es nicht noch andere gibt ...

3. Der Plan: Wie erreichen wir unser Ziel?

Jedes Teammitglied muss ungehindert durch Ungeduld, lächelndes Abwarten usw. seine Einsichten dem Team anbieten können, die Einfälle anderer kritisch überprüfen können, Führungsfunktionen ausüben können. Sehr wichtig sind gegenseitige Ermunterung, Ausgleichen, Unterstützen.

4. Die Beteiligten: Was können wir beitragen?

Wie weit haben wir unser Vorhaben bearbeiten können? Sind wir auf dem richtigen Weg? Wie weit sind wir auf diesem Weg? Wissen wir überhaupt, wo wir uns jetzt befinden? Müssen wir vielleicht unser Ziel und unsere Methode verändern? Konnten alle Teammitglieder mitarbeiten?

Zwischenbilanzen sind notwendig. Teams erreichen oft ihr Ziel nicht, weil einzelne Teammitglieder meinen, die anderen wüssten noch oder auch, worum es geht, während alles bereits durcheinander ist.

Haben wir unser Ziel erreicht? Was ist nun eigentlich das Ergebnis unserer Anstrengungen? Ist es noch das ursprüngliche Ziel oder hat es sich geändert? Ist das neue Ziel ein angemessenes Ergebnis? Teamarbeit verfolgt ein gemeinsames Ziel und erwirkt einen gemeinsamen Erfolg.

Die Reihenfolge kann wechseln, doch kann kein Teamschritt ausgelassen werden.

Es ist eine wichtige Führungsaufgabe der Leiterin, das Potential an Fähigkeiten und Ideen für die Teamarbeit nutzbar zu machen und eine Teamkultur zu fördern, die eine gesunde Weiterentwicklung des Kindergartens garantiert. *Führen* im Kindergarten heißt: *Die vielfältigen Bezüge kennen und beurteilen, um dann konkret handeln zu können.*

Betriebsführung und Aktenplanführung

Eine weitere Führungsaufgabe ist die Betriebsführung.
Ziel ist, den Kindergarten so zu führen, dass er nach *innen und außen eine Einheit* darstellt und ist.
Für die Betriebsführung werden nun drei Bereiche besonders betont: *Information, Organisation und Aktenplanführung.*

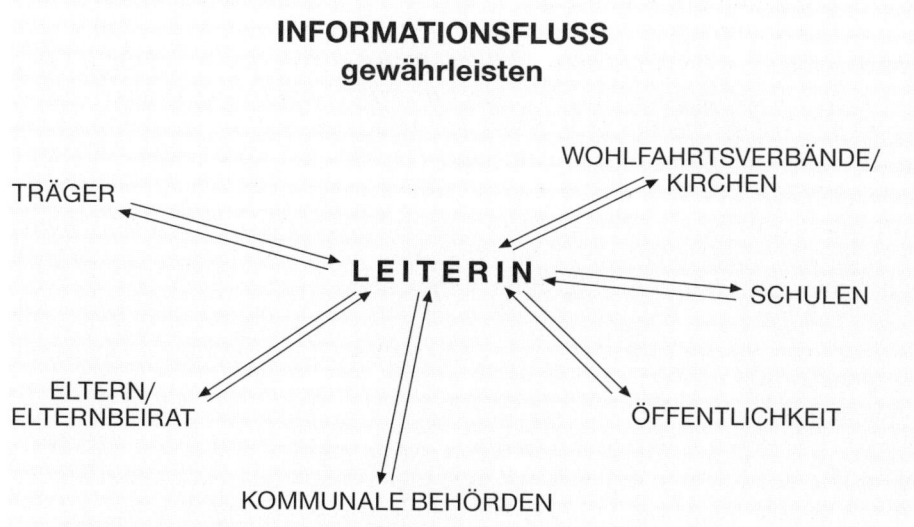

INFORMATIONSFLUSS
gewährleisten

TRÄGER

WOHLFAHRTSVERBÄNDE/
KIRCHEN

L E I T E R I N

SCHULEN

ELTERN/
ELTERNBEIRAT

ÖFFENTLICHKEIT

KOMMUNALE BEHÖRDEN

Aktuelle und kontinuierliche Informationen an den Träger fördern die wechselseitige Zusammenarbeit und schaffen eine Vertrauensbasis. Die Leiterin erhält als Folge funktionierender Zusammenarbeit vom Träger „Rückendeckung", Verständnis und Unterstützung.

1. Träger

Wenn Eltern gut über das informiert sind, was im Kindergarten geschieht, werden sie mit mehr Vertrauen ihre Kinder bringen, die Kindergartenarbeit positiv werten und sich selbst effektiver beteiligen.

*2. Eltern/
Elternbeirat*

Durch engagierte, qualifizierte Informationen und Rückfragen wird der Kindergarten bekannt und macht auf sich aufmerksam. Dadurch erfährt der Kindergarten Verständnis und helfende Unterstützung.

*3. Kommunale
Behörden
und andere
Institutionen*

Je klarer sich der Kindergarten nach außen darstellt und je transparenter er seine Arbeit machen kann, um so mehr wird er beachtet und anerkannt. Die Werbeträger sind primär die Kinder und deren Eltern.

4. Öffentlichkeit

5. Schulen

Gegenseitige Informationen und Abklärungen der Erwartungen erleichtern den Übergang vom Kindergarten zur Grundschule. Die Arbeit des Kindergartens erfährt durch diese Kooperation außerdem eine Aufwertung.

6. Wohlfahrtsverbände/Kirchen

Umfassende Informationen an die Fachabteilungen bewirken, dass die Interessen des Kindergartens von den Wohlfahrtsverbänden eine fachpolitische Vertretung erfahren. Verschiedene Angebotsformen der Wohlfahrtsverbände, z.B. Fachberatung und Fortbildung, sind eine wichtige Hilfe und Unterstützung.

Information als vertrauenswerbende Maßnahme ist eine wichtige Führungsaufgabe.

Organisation

Durch reibungslose Organisation soll die Leiterin optimale Arbeitsbedingungen sowie Überblick und Transparenz schaffen.

Schaubild 8

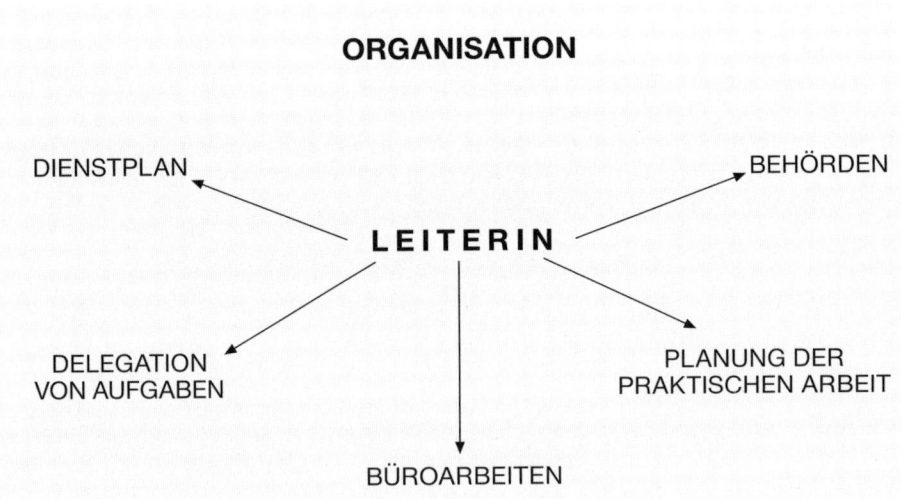

ORGANISATION

DIENSTPLAN

BEHÖRDEN

LEITERIN

DELEGATION
VON AUFGABEN

PLANUNG DER
PRAKTISCHEN ARBEIT

BÜROARBEITEN

Die Leiterin trägt Verantwortung für den organisatorischen Ablauf des Kindergartenbetriebes.

Aufgaben, die zur Organisation gehören, sind:

- *Aufnahme der Kinder:* Anmeldung, Aufnahmegespräch, Beiträge, Kindergartenordnung, Spielgeld, Kontrolle der Bankauszüge sind Aufgaben, die im Verantwortungsbereich der Leiterin liegen.
- *Diensteinteilung:* Die Leiterin muss den Dienstplan erstellen, Dienstbesprechungen abhalten, Mittagszeiten regeln, Urlaubsregelungen treffen, Aushilfen (z.B. bei Krankheiten) besorgen, einen Notdienst planen, Fortbildungen organisieren, Ferienregelungen mit dem Träger abstimmen.
- *Mittagsspeisung im Kindergarten:* Die Leiterin muss den Essensplan erstellen, die Essensbestellung sowie die Essensabrechnung vornehmen.
- *Zusammenarbeit mit dem Träger:* Information und Absprache über alle organisatorischen Belange.
- *Elternarbeit:* Die Leiterin trifft die Vorbereitung von Elternabenden, pflegt die Zusammenarbeit mit dem Elternbeirat, erstellt Elternbriefe und plant die Herausgabe einer Kindergartenzeitung, bietet Spechstunden für Eltern an, gibt „sonstige" Informationen für Eltern, z.B. im Schaukasten oder am Schwarzen Brett. Die Leiterin ist die Hauptkontaktperson zu den Eltern.
- *Personaleinstellung:* Die Leiterin hat Mitsprache bei Einstellungen und erstellt einen Beurteilungsentwurf.
- *Praktikanten:* Die Einführung, Anleitung und Begleitung von Vor- oder Berufspraktikanten muss von der Leiterin gesichert werden, d.h., sie kann die Aufgabe auch an eine Gruppenerzieherin delegieren.
- *Feste und Veranstaltungen:* Für die Vorbereitung, Durchführung und Nachbereitung von Festen und Veranstaltungen ist die Leiterin hauptverantwortlich.
- *Unfallmeldung:* Die Leiterin hat im Ernstfall unverzüglich, spätestens jedoch bis zum dritten Tag eine Unfallmeldung zu erstatten.
- *Behörden – Aufsichtsbehörden:* Die Zusammenarbeit mit der Aufsichtsbehörde erfolgt immer gemeinsam mit dem Träger. Die Leiterin erstellt Statistiken sowie den pädagogischen Jahresbericht und legt sie dem Träger zur Unterschrift vor.
- *Hausinstandhaltung:* Notwendige Maßnahmen wie Reparaturen von Schäden am Gebäude, Ersatzbeschaffungen, Rasenmähen, Schneeräumen etc. meldet die Leiterin unverzüglich dem Träger in schriftlicher Form.

– *Sicherheitsmaßnahmen:* Die Leiterin überprüft die Sicherheit im Kindergarten und meldet notwendige Maßnahmen dem Träger.
Kontakte nach außen zur politischen Gemeinde, zum Gesundheitsamt, zur Schule usw.: Die Leiterin repräsentiert nach außen und ist die Hauptkontaktperson.

Vgl. Stellenbeschreibung S. 18 Eine genaue Aufgabenbeschreibung ist der Stellenbeschreibung zu entnehmen. Von den vielfältigen Aufgaben der Leiterin können einige Aufgaben an die Mitarbeiterinnen delegiert werden.

Aktenplanführung

Strukturieren! Jede Leiterin macht die Erfahrung, dass die Aktenführung im Büro zu einer zusätzlichen Belastung wird, wenn kein Strukturplan vorgegeben bzw. vorhanden ist.

Im Rahmen eines Projektes haben Leiterinnen einen Aktenplan für den Kindergarten entwickelt.

Gründe für einen Aktenplan Warum braucht es im Kindergarten einen Aktenplan? Die Leiterinnen gaben folgende Antworten:
– Ich brauche im Büro einen Überblick, eine optische Ordnung, damit ich keine Zeit vergeude, etwas zu finden bzw. abzulegen.
– Der Aktenplan soll mir helfen, die Aktenablage zu systematisieren und nachfolgend rationeller und zeitsparender zu erledigen.
– Den Mitarbeiterinnen soll der Zugang und die Übersicht zu den Akten erleichtert werden. Sie sollen den Durchblick und Einblick bekommen, wo was zu finden ist.
– Im Ernstfall muss es bei Abwesenheit der Leiterin möglich sein, dass die Stellvertreterin Anfragen zügig bearbeiten kann.
– Dem Träger der Einrichtung sowie dem Kindergarten- und dem Elternbeirat sollen die vielfältigen Leitungsaufgaben transparent gemacht werden und ein rascher Aktenzugriff der sofortigen Information dienen.

In einem zweiten Schritt wurde überlegt, was alles bei der Erstellung eines Aktenplanes zu beachten ist. Im Kindergarten ist es Brauch, dass möglichst alles, was an Papier und Materialien eingeht, gut gehortet wird. Deshalb war die Erarbeitung einer *Prioritätenliste* ganz wichtig.

Prioritätenliste

– Was brauchen wir unbedingt?
– Was ist noch sinnvoll?
– Was ist entbehrlich?
Dabei wurden insbesondere die Datenschutzvorschriften, die Aufbewahrungsfristen und „Historisches" hinterfragt.

Dabei geht es um personenbezogene Papiere, Karteikarten von Kindern, Beobachtungsbögen, Zeugnisse etc.
Jede Leiterin muss diesen Sachverhalt mit dem Träger klären.

Datenschutz

Gemeint sind hier z.B. Abrechnungsunterlagen, Aktenvermerke, Bankbelege, Kassenzettel, Lieferscheine, Protokolle etc.
Die Aufbewahrungsfristen werden jährlich aktualisiert. Die Leiterin erhält die Unterlagen vom Träger über den Fachverband.

Aufbewahrungsfristen

Gründungsgeschichten, Jubiläen, außergewöhnliche Ereignisse etc. sollen schriftlich (Pressemeldungen, Protokolle, Festreden etc.) festgehalten werden. Wenn eine Chronik geschrieben werden soll, sind diese Unterlagen wichtig.

„Historisches"

Differenzierter Aktenplan

In einem dritten Schritt wurden die *Schwerpunktbereiche für die Ordner* festgelegt und einer entsprechenden Farbe zugeordnet. Beispiel:

Konkreter Aktenplan-Vorschlag

1. Bereich: *„Pädagogische Arbeit"* = rote Ordner
2. Bereich: *„Mitarbeiterführung"* = orangefarbene Ordner
3. Bereich: *„Träger der Einrichtung"* = gelbe Ordner
4. Bereich: *„Elternarbeit / Öffentlichkeitsarbeit"* = grüne Ordner
5. Bereich: *„Rechtliche Grundlagen"* = blaue Ordner

Auf dieser Grundlage werden nun die jeweiligen Schwerpunktbereiche inhaltlich strukturiert.

Das vorliegende Ergebnis erhebt keinen Anspruch auf Vollständigkeit. Die Leiterin ist eingeladen, sich aus dieser Vorlage „ihr" spezielles Aktensystem zu entwickeln.

Pädagogische Arbeit – rote Ordner

1. Planung der Kindergartenarbeit
- Konzeption
- Projekte
- Ausstattung / Ergänzung
- Rahmenpläne
- Jahresplan (Feste mit Kindern / Exkursionen / Ausflüge etc.)
- Planung für situatives Arbeiten
- Spezielle Fähigkeiten

2. Materialsammlung
2.1 Anleitung für Regelspiele
2.2 Spiele und Lieder
2.3 Basteln / Falten / Werken
2.4 Festmappe, Dokumentation (Fotos, Berichte von Kindergartenfesten)
2.5 Verkehrserziehung
2.6 Musikalische Früherziehung
2.7 Religiöse Erziehung
2.8 Natur und Umwelt
2.9 Bewegungserziehung / Sport
2.10 Sprache und Kommunikation
2.11 Gesundheitserziehung

3. Fachartikel (nach Themenbereichen geordnet)
3.1 Psychologie
3.2 Allgemeine Pädagogik
3.3 Konzeptionen
3.4 Methodische Ansätze
3.5 Praxisberichte
3.6 Ländervergleich (Europa)
3.7 Ausbildung / Praxisanleitung

Mitarbeiterführung – orangefarbene Ordner

1.1. Pädagogisches Personal
– Anwesenheits- oder Fehlzeitenliste des Personals
– Urlaubsplanung / Gleitzeittage der Mitarbeiter im laufenden Kindergarten-
jahr
– Überstundenplan
– Dienstplan
– Vereinbarte Aufgabenverteilung wie Abspülen, Abschließen des Kinder-
gartens, Garderobengestaltung etc.

1. Interne Personal-organisation

– Arbeitsstundenplan für die Raumpflegerin, Arbeitsvertragskopie der
Raumpflegerin
– Aufgabenplan für die Raumpflegerin (eventuell auch Zivildienstleistender,
Hausmeister, Gärtner)

1.2. Hilfs-personal

Unterlagen zur Anleitung und Beurteilung von Praktikanten, Protokolle von
Anleitertreffen, Besuch der Praxisanleiterin, Korrespondenz bezüglich Praktikanten

1.3. Prakti-kanten

über Gespräche mit Mitarbeiterinnen „unter vier Augen", Abmahnungsko-
pien etc.

1.4. Notizen der Leiterin

Dieser Ordner ist nur der Leiterin und ggf. dem Träger zugänglich!

Dienstordnung
BAT- oder AVR-Auszüge zu Urlaub, Dienstbefreiung, Kündigung, Arbeitszeit-
verkürzung usw.
Jugendarbeitsschutzgesetze / Mutterschutzgesetze (MuSchG)

Arbeitsrecht

– Jahresplanung der Fortbildungsteilnahme der Mitarbeiterinnen im laufen-
den Kindergartenjahr
– Protokolle zu Fortbildungskursen der Mitarbeiterinnen
– Fortbildungsprogramme verschiedener Anbieter
– Arbeitskreise – Terminübersicht aller Mitarbeiterinnen im laufenden Kin-
dergartenjahr
– Arbeitskreisordner der Mitarbeiterinnen – Austausch

2. Fortbildung

Träger der Einrichtung – gelbe Ordner

1. Träger
- Informationen der Leiterin an den Träger
- Protokolle von Dienstbesprechungen mit dem Träger
- Protokolle von Sitzungen, z.B. des Vereinsvorstandes der Kirchenstiftung
- Elternbriefe des Trägers
- Allgemeine Informationen, z.B. aus der Pfarrei
- Gemeindeinformationen

2. Kinder
- Namenslisten der angemeldeten Kinder, Gruppenaufteilung
- Anwesenheitslisten
- Wartelisten und Voranmeldungen
- Anlage eines Karteikastens für:
  Anmeldebögen
  Ärztliche Atteste für Erst- und Wiederzulassung
  Erklärung der Eltern, wer abholberechtigt ist
  Erklärung der Eltern zur Kindergartenordnung
  Kurzübersicht zu Elterngesprächen (Name, Datum, Thema)
- Beobachtungsbogen der Kinder, Protokolle von Elterngesprächen (auch Aufnahmegespräch), Protokolle von Gesprächen mit Erziehungsberatungsstelle oder Sprachheilschule, Protokolle zur Einschulungsvorbereitung etc.

Dieser Ordner muss unter Verschluss aufbewahrt werden (Datenschutz)!

3. Abrech-nungen
- Kassenheft über Verwendung von Tee- und Spielgeld, Spenden etc.
- Rechnungen, Quittungen, Lieferscheine, Garantiekarten
- Bestellungen (die Abrechnung der Elternbeiträge wird in der Regel vom Träger vorgenommen)

4. Inventur
- Bücherverzeichnis und „Leihheft" (in das eingetragen wird, wer ein Buch geliehen hat)
- Spielmaterial
- Mobiliar
- Sonstige Einrichtung

Es empfiehlt sich die Anschaffung von speziellen Zeitschriftenkartons, in denen Jahrgänge geordnet werden können, wie z.B. Kita aktuell, Welt des Kindes, Kiga – heute, Caritasdienst usw.

5. Zeitschriften

Elternarbeit / Öffentlichkeitsarbeit – grüne Ordner

– Jahresplanung der Elternarbeit
– Kindergartenzeitung
– Veranstaltungen mit Eltern
– Spezielle Fähigkeiten der Eltern
– Briefe – allgemeine Mitteilungen an Eltern (Handzettel)
– Adressen von Referenten
– Gesprächsnotizen von Elterngesprächen
– Unterlagen für Elternarbeit (z.B. Teilnahmelisten und Rückmeldezettel)

1. Ideen und Impulse für Elternarbeit

– Liste der Beiratsmitglieder mit Adressen und Telefon
– Einladungen und Tagesordnungspunkte (TOP) für Sitzungen
– Protokolle
– Gesetzliche Grundlagen und Durchführungsverordnungen
– Hinweise von anderen Beiräten
– Wahlprotokolle
– Jahresberichte

2. Elternbeirat / Kinder-gartenbeirat

– Geeignete Betriebe zur Besichtigung (z.B. Bäcker, Schreiner, Feuerwehr, Notarzt etc.)
– Kontakte mit politischer Gemeinde, Kirchengemeinde, sozialen Einrichtungen im Umfeld etc.
– Behörden: Jugendamt, Logopäde, Amtsarzt usw.
– „Wegweiser durch die Gemeinde"

3. Institutionen

– Zeitungsmeldungen über den Kindergarten
– Eigene Presseveröffentlichungen
– Einladungsliste (Persönlichkeiten): „Leute, die man nicht vergessen darf!"
– Kongressdokumentationen, Protokolle von Tagungen
– Besondere Veranstaltungsangebote, z.B. Zauberer, Puppentheater, Schwimmkurs, Ausflüge etc.

4. Öffentlich-keitsarbeit

- Betreffende Auszüge aus Gemeinderatssitzungen
- Termine und Veranstaltungen von Berufsverbänden, Kreisbildungswerk, Trägerverbänden usw.
- Angebote für Eltern

Rechtliche Grundlagen – blaue Ordner

1. Das aktuelle Kindergartengesetz

Es empfiehlt sich in jedem Falle die Anschaffung der Loseblattsammlung, da damit stets der neueste Rechtsstand verfügbar ist.

2. Sonstige gesetzliche Bestimmungen

- Aktuelle Informationen über Verordnungen, z. B. aus:
  Bundessozialhilfegesetz
  Bundesseuchengesetz ——————> Auszüge
  Spielplatz-Richtlinien

3. Staatliche Behörden

- Merkblätter, Korrespondenz und Kopien / Durchschläge eigener Briefe mit dem
  Gesundheitsamt
  Jugendamt (Landratsamt)
  Sozialamt (Übernahme von Kindergarten-Beiträgen)
  Landkreis-Aufsicht

4. Unfallverhütung

- Alarmplan / Fluchtplan
- Verbandskasten (Information des Gesundheitsamtes zum Inhalt)
  Desinfektionsmittelliste
- Feuerlöscher / Wartungs- und Gebrauchshinweise

5. Versicherungen

- Korrespondenz und Informationen der Gesetzlichen Unfallversicherung (GUV)
- Formulare zur Unfallmeldung
- Haftpflichtversicherung
- Berufsgenossenschaft
- Sonstige Versicherungen (soweit vorhanden)

80

Stellenbeschreibungen

In der Einführung habe ich bereits darauf hingewiesen, dass es für die päd-
agogischen Mitarbeiterinnen im Kindergarten noch keine allgemeingültige
Stellenbeschreibung gibt.
Mancherorts gibt es eine Arbeitsbeschreibung oder eine Dienstordnung.
Die folgenden Stellenbeschreibungen sind das Ergebnis verschiedener
Kurse. Zuletzt hat eine Projektgruppe die Endfassung erstellt.
Die Stellenbeschreibungen erheben wie bei der der Leiterin (Seite 18) kei-
nen Anspruch auf Vollständigkeit. Die einzelne Stellenbeschreibung kann
der Leiterin dann hilfreich sein, wenn sie mit ihren Mitarbeiterinnen Aufga-
ben, Kompetenzen und Verantwortung abklären möchte.
Ferner kann die Stellenbeschreibung für die Einführung einer neuen Mitarbeiterin sehr nützlich sein.

Eine echte Hilfe

Stellenbeschreibung der Stellvertretenden Leiterin

Stellvertretende Leiterin im Kindergarten

*I. Stellenbe-
zeichnung*

Vorgesetzte Fachkraft mit dreijähriger Berufserfahrung

II. Dienstrang

Träger und Kindergartenleiterin

*III. Unter-
stellung*

– den Gruppenleiterinnen
– den pädagogischen Mitarbeiterinnen
– den Praktikantinnen
– dem Haus- und Reinigungspersonal

IV. Überstellung

– Sie trägt die Grundzüge der pädagogischen Arbeit im Kindergarten mit.
– Sie verpflichtet sich zur Loyalität gegenüber der Leiterin.•
– Sie übernimmt Teilbereiche der allgemeinen Leitungsaufgaben selbstän-
  dig und verantwortlich.
– Sie vertritt die Leiterin bei Abwesenheit.
– Sie führt eine eigene Gruppe.

*V. Ziel der
Stelle*

– Durch die Bewältigung dieser Aufgaben intensiviert sie ihre Leitungskompetenz.

VI. Aufgaben

– Sie ist verantwortlich für Bestellungen, Einkäufe und den Küchenbereich.
– Sie informiert die Leiterin über alle Schäden und Mängel an Inventar, Gebäude, Spielplatz und Grundstück.
– Sie übernimmt wechselweise die Leitung der Dienst- bzw. Mitarbeiterbesprechungen.
– Sie ist verpflichtet, die Leiterin täglich bzw. wöchentlich zu informieren.
– Sie übernimmt zusätzliche Aufgaben im Delegationsbereich.

In der Wahrnehmung ihrer Aufgaben ist sie weisungsbefugt.

VII. Kompetenzen bei Abwesenheit der Leiterin

– Planung und Koordination des Tagesablaufes, der Vertretungen und der pädagogischen Arbeit aller Mitarbeiterinnen.
– Bei allen sonstigen Aufgaben, Problemen, aktuellen Vorkommnissen sorgt sie für rechtzeitige Rücksprache und Klärung mit der Leiterin bzw. mit dem Träger.

In der Wahrnehmung ihrer Aufgaben ist sie weisungsbefugt.

Rahmenbedingungen für die Stellvertretende Leiterin

Damit sowohl die Aufgaben im Vertretungsfall als auch die ständig bestellten Delegationsaufgaben erfüllt werden können, sind notwendige Rahmenbedingungen zu schaffen wie:

– Bei der Stellenvergabe muss die Leiterin gehört werden und mitentscheiden können, damit ein
offenes und ehrliches Aufeinanderzugehen von Leiterin und Stellvertreterin möglich ist und eine Vertrauensbasis geschaffen werden kann;
konkrete Absprachen über Aufgaben, Kompetenzen und Verantwortung erfolgen.
– Die Stellvertreterin bekommt eine gründliche Einführung in ihre Aufgaben und kann zunächst durch eine reduzierte Übernahme in die Aufgabenvielfalt hineinwachsen.
– Sechs-Stunden-Gruppe (ganztags), um Zeit zur gemeinsamen Aufgabenbewältigung zu haben. Für delegierte Aufgaben ist eine „windgeschützte" Zeit außerhalb der Gruppendienste erforderlich.

82

Stellenbeschreibung der Gruppenleiterin

Gruppenleiterin

I. Stellenbe-
zeichnung

Erzieherin; sie ist allen Gruppenleiterinnen gleichgestellt, pädagogische Fachkraft

II. Dienstrang

1. dem Dienstvorgesetzten: Träger
2. der Fachvorgesetzten: der Leiterin und Stellvertretenden Leiterin

III. Unter-
stellung

den pädagogischen Mitarbeiterinnen und Praktikantinnen

IV. Überstellung

Pädagogische Mitarbeiterinnen unter Aufsicht der Leiterin

V. Stellver-
tretung

Die Gruppenleiterin ist der Leiterin und dem Träger der Einrichtung gegenüber für die pädagogische und organisatorische Arbeit im Rahmen des Kindergartengesetzes und der bestehenden Konzeption verantwortlich.

VI. Ziel
der Stelle

- Planung, Vorbereitung und Durchführung der pädagogischen Arbeit unter Berücksichtigung situationsbedingter Bedürfnisse aller Kinder
- Verantwortliche Mitgestaltung bei geplanten Festen und Feiern sowie bei besonderen Aktionen des gesamten Kindergartens
- Regelmäßige Elternsprechstunden und Elterngespräche nach Vereinbarung
- Mitwirkung an der Planung von allgemeinen Elternveranstaltungen und selbständige Gestaltung von Gruppenelternabenden und Teilnahme an Elternbeiratssitzungen
- Informationspflicht gegenüber den Eltern
- Einarbeitung und Begleitung der pädagogischen Mitarbeiterinnen – wöchentliche Besprechung und Information
- Anleitung von Praktikanten

VII. Aufgaben-
bereiche im
einzelnen

Übernahme und verantwortliche Ausführung von Delegationsaufgaben

VIII. Besondere
Befugnisse

Stellenbeschreibung der Kinderpflegerin

I. Stellen-bezeichnung

Kinderpflegerin

II. Dienstrang

Pädagogische Mitarbeiterin

III. Unter-stellung

1. dem Träger
2. der Kindergartenleiterin und Stellvertretenden Leiterin
3. der jeweiligen Gruppenleiterin

IV. Überstellung

Bei Abwesenheit der Gruppenleiterin den Vor- und Blockpraktikanten

V. Stellver-tretung

Kurzfristige Vertretung der Gruppenleiterin (maximal fünf Tage)

VI. Ziel der Stelle

Die pädagogische Mitarbeiterin trägt unter Leitung der pädagogischen Fachkraft Mitverantwortung für die Betreuung, Erziehung und Bildung der Kinder.

VII. Aufgaben

- Mitarbeit an der Planung, Vorbereitung, Duchführung und Nachbereitung der pädagogischen Arbeit
- Übernahme und verantwortliche Ausführung von Delegationsaufgaben im pflegerischen und hauswirtschaftlichen Bereich, die unmittelbar im Zusammenhang mit der Pflege und Erziehung der Kinder stehen
- Teilnahme an Mitarbeiterbesprechungen sowie an allen vom Träger der Einrichtung oder der Leiterin einberufenen Mitarbeiterbesprechungen
- Teilnahme und Mitwirkung an Elternabenden und besonderen Aktivitäten des Kindergartens

VIII. Besondere Befugnisse

Übernahme und verantwortliche Ausführung von Delegationsaufgaben

Elternmitarbeit im Kindergarten

Die Tatsache, dass Eltern im Kindergarten mitarbeiten, hat in den Fachkreisen der Erzieherinnen und Leiterinnen immer wieder sehr viel Empörung ausgelöst.
Eltern wird die Fachkompetenz abgesprochen. Ihre Mitarbeit würde das Image des Kindergartens und der Fachkräfte drücken.

Sind Eltern nur Störenfriede?

Dennoch sind Eltern sehr wichtige Partner der Leiterin im Kindergarten. Gereimt haben Leiterinnen zum Ausdruck gebracht, welche Erwartungen sie an die Eltern haben und wie sie die Eltern als Partner sehen:

Ohne Eltern geht es nicht

Wir Leiterinnen finden's toll,
ist der Elternabend „voll",
und wir finden das ganz richtig,
denn es ist doch einfach wichtig,
dass Eltern wissen, was wir wollen.
Familienergänzung heißt unser Ziel,
Sozialkontakte gibt's hier viel.
In der großen Gruppe leben
kann's zu Hause gar nicht geben,
das ist's, was Kinder lernen sollen.
Partnerschaftlich soll Erziehung sein,
das schließt die Eltern klar mit ein.
Wenn wir wissen, wie sie sind,
wissen wir auch mehr vom Kind
und wissen, was die Eltern wollen.
Auf ihr Verständnis, ihr Vertrauen
kann unsere Arbeit gut aufbauen;
ist dann dieses Ziel erreicht,
fällt Probleme lösen leicht;
das ist's, was wir gemeinsam wollen.
Offen woll'n wir unsre Arbeit sehen,
dann werden sie uns gut verstehen.
Denn in unserer Pädagogik
steckt 'ne ganze Menge Logik.
Das ist's, was wir hier sagen wollen.

Gereimte Erwartungen

85

In diesen Versen kommt sehr stark das Engagement der Leiterinnen zum Ausdruck. Die Leiterinnen wissen, was wichtig ist, was die Eltern brauchen und wie sie die Eltern als Partner definieren.

Ob dieser Weg den Eltern entspricht? Ob so wirklich die Bedürfnisse der Eltern befriedigt werden? Handelt es sich dabei um wirkliche Partnerschaft? Wie oft wird das scheinbar mangelnde Interesse der Eltern am Kindergarten beklagt! Wenn zu dem so wichtigen Elternabend, der eine Menge an Zeit und Kraft für die Vorbereitung gebraucht hat und für den soviel Werbung gelaufen ist, nur wenige Mütter kommen, dann ist die Frustration sehr groß. Eine Mutter fragte einmal die Leiterin: „Warum machen Sie sich denn so viel Arbeit, wenn doch die Eltern nicht kommen?" Die Leiterin brachte erneut ihr Engagement zum Ausdruck. Dabei betonte sie besonders, was *ihr* wichtig sei. Die Mutter meinte etwas schüchtern: „Möglicherweise denken Sie zuviel für uns. Vielleicht könnten sie von den Eltern erfahren, welche Bedürfnisse sie haben, was ihnen unter den Nägeln brennt."

An diesem Beispiel soll deutlich werden, dass es im Rahmen der Elternmitarbeit ganz wichtig ist, zunächst *die Bedürfnisse der Eltern in Erfahrung zu bringen.*

Erfolgreiche Ergebnisse konnten Leiterinnen bisher durch eine *Fragebogen-aktion* oder durch eine *offene Fragerunde* während des Bringens und Abholens der Kinder erzielen.

Wenn es um die Elternarbeit im Kindergarten geht, dann ist es ganz besonders wichtig, von den Eltern zu erfahren, wie sie sich diese Mitarbeit vorstellen können.

Wenn Eltern ihre besonderen Stärken einbringen können, z. B. an einem Vormittag in der Gruppe ein Brot backen oder im Garten eine besondere Aktion leiten etc., dann ist die Motivation gegeben und der Erfolg gesichert.

Elternmitarbeit bewirkt, dass der Kindergarten zu einer offenen Einrichtung wird. Er wird zu einem Lebensraum für Kinder, Eltern, Erzieher, zu einer Stätte der Begegnung, der Kommunikation sowie des partnerschaftlichen Miteinanders.

Die Führungsaufgabe der Leiterin besteht darin, mit den Eltern neue Wege zu gehen und neue Motivationen zu erwirken. Um neue Wege gehen zu können, muss sich die Leiterin zunächst nach ihren eigenen Erwartungen fragen, nach denen der Eltern und ihrer pädagogischen Mitarbeiterinnen. Eine Leiterin drückte das einmal so aus:

- Ich möchte von den Eltern künftig eine klare, sachliche Darstellung ihrer Wünsche und Bedürfnisse und dessen, was sie für ihre Kinder möchten. „Im Kindergarten muss man nicht immer nur so tun, als ob man nur die Kinder im Kopf hätte."
- Ich erwarte von den Eltern die Bereitschaft, bei bestimmten pädagogischen Fragen gemeinsam mit uns eine Lösung zu finden, zu der sie dann auch stehen.
- Ich möchte von den Eltern wissen, was und wieviel Zeit sie für die Mitarbeit im Kindergarten aufwenden möchten.
- Ich erwarte von den Eltern positive und konstruktive Kritik.
- Ich will, dass die Eltern die pädagogischen Ziele verstehen und vertreten und so die Arbeit der pädagogischen Mitarbeiterinnen wertschätzen.
- Für die Zusammenarbeit mit den Eltern beachte ich, dass ich auf die Eltern zugehe, sie bestätige und bestärke.
- Ich werde die besonderen Stärken der Eltern für den Kindergarten nutzen.
- Von meinen Mitarbeiterinnen erwarte ich die Bereitschaft zu aktivem Engagement hinsichtlich einer offenen Elternmitarbeit.
- Ich erwarte, dass die Mitarbeiterinnen offen sind für die Bedürfnisse und Erwartungen der Eltern.

Mit Eltern partnerschaftlich zusammenarbeiten

Schaubild 9

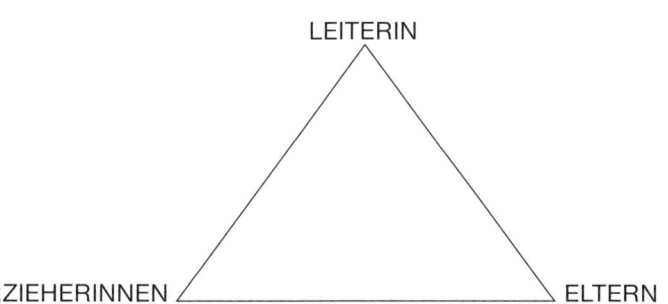

Die Leiterin steht in der Spannung zwischen ihren eigenen Bedürfnissen und Ansprüchen sowie den Erwartungen und Bedürfnissen ihrer Mitarbeiterinnen und der Eltern.

Wenn es ihr gelingt, eine gute Balance zwischen allen Beteiligten zu erreichen, wird sich ein konstruktiver Weg für die Elternarbeit eröffnen.

Elternarbeit sollte sich keineswegs auf Elternabende oder gar Vorträge mit Referenten beschränken. Sie ist vielmehr so zu gestalten, dass Eltern mitein-

bezogen werden in die Kindergartenarbeit, dass sie also Aufgaben übernehmen, Verantwortung mittragen, in Absprache mitgestalten.
Sie sollen die Kinderarbeit miterleben, sich wie die Kinder dort wohlfühlen
und Vertrauen zu den Mitarbeiterinnen fassen.
Durch die Eltern wird sehr viel in die Öffentlichkeit getragen. Wenn sie informiert, einbezogen und zufrieden sind, steigt das Image eines Kindergartens.
So beginnen auch Gemeindemitglieder, die direkt nichts mit dem Kindergarten zu tun haben, diesen positiv zu sehen, und schätzen die Arbeit der Erzieherinnen.

Öffentlichkeitsarbeit – Politik für Kinder

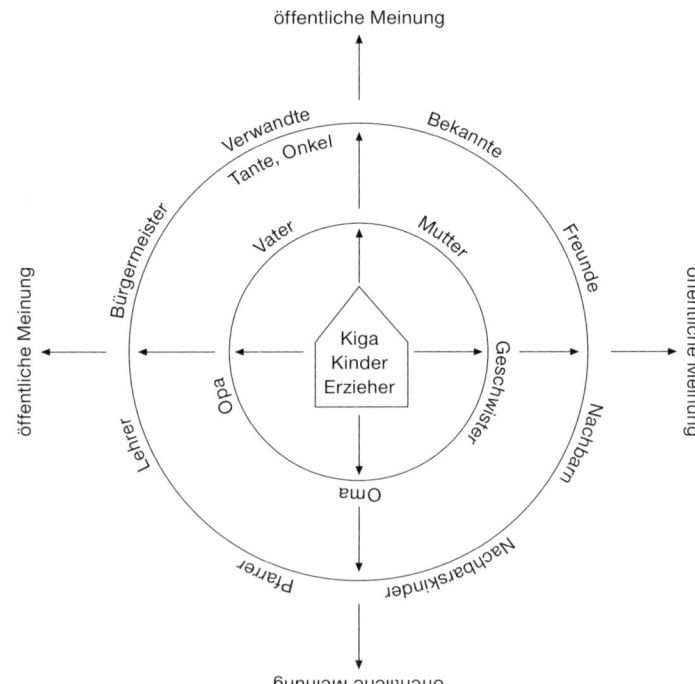

88

Eindrücke vom Kindergarten

Erfahrungen mit dem Kindergarten } werden erzählt, besprochen, beurteilt

Erlebnisse im Kindergarten

Der Kindergarten und insbesondere die für die pädagogische Arbeit verant- *Das Image der*
wortlichen Erzieherinnen kommen in der öffentlichen Meinung immer noch *Erzieherinnen*
relativ enttäuschend weg. Viele Leiterinnen und Erzieherinnen sind aber
stark engagiert, ein neues Bewusstsein vom Kindergarten in der Öffentlichkeit zu schaffen.

Gesellschaftlich gesehen wird heute für jedes Kind ein Platz im Kindergarten *Das Image des*
eingefordert und von der hohen Politik auch zugesichert. Doch im Mei- *Kindergartens*
nungsbild der „Nutzer" ist der Kindergarten immer noch ein Ort, an dem
man Kinder „abgeben" kann.

Öffentlichkeitsarbeit ist darum dringend erforderlich. *Öffentlichkeits-*
Je transparenter die Einrichtung ihre Arbeit darstellt, desto positiver verän- *arbeit!*
dert sich das öffentliche Bewusstsein!

Eine solche Durchschaubarkeit wird erreicht durch: *Verbesserungs-*
- *Bessere Information* im Kindergarten, innerhalb der Gemeinde und an die *möglichkeiten*
  Bevölkerungsgruppen in aktueller, sachlicher, verständlicher und über-
  prüfbarer Form.
- *Bessere Kontakte* unter Mitarbeiterinnen, Eltern, zum Träger, zu den Insti-
  tutionen und Behörden in partnerorientierter Form.
- *Zielgerichtetes Angebot* (pädagogisches Ziel) durch Qualität der Arbeit,
  Offenheit für Zusammenarbeit in elternzentrierter, situationsorientierter
  und themenzentrierter Form.
- *Feste oder Feiern allein geben nicht genügend Aufschluss* über die tägli-
  che pädagogische Arbeit, die im Kindergarten geleistet wird.
- Ein wichtiges Ziel lautet, *den Kindergarten aus pädagogischer Sicht darzustellen*, z.B. so:
- Kinder finden hier einen Ort vor, an dem sie Kind sein dürfen und leben
  lernen.
- Sie erhalten hier eine faire Chance, zu selbstbewussten, kreativen, positiv
  denkenden, lebensbejahenden, kommunikationsfähigen und glaubensfä-
  higen Menschen heranzureifen.

Ständig neue Anforderungen, z.B. nach verlängerten Öffnungszeiten oder nach Betreuung über Mittag, geben dem Kindergarten einen *neuen Stellenwert*.

Leiterinnen, Erzieherinnen und der Träger *sind für das Bild verantwortlich*, das der Kindergarten vor Ort und in der Gesellschaft abgibt.

Öffentlichkeitsarbeit im Kindergarten bedeutet: das bewusste und legitime Bemühen um Verständnis sowie um Aufbau und Pflege von Vertrauen vor Ort, im Stadtteil, im Dorf, in der Gemeinde.

Ziele der Öffentlichkeitsarbeit

Folgende *Ziele* sind im Bereich der Öffentlichkeitsarbeit wichtig:
– Vertrauenswerbung für die Arbeit des Kindergartens gestalten.
– Interesse an der Arbeit des Kindergartens wecken.
– Image des Kindergartens pflegen.
– Um ideelle, personelle und finanzielle Unterstützung werben.

Soziales Engagement braucht Unterstützung, Anerkennung und Berücksichtigung durch viele Gruppen und Behörden, durch die Gesellschaft schlechthin.

Der Bereich Öffentlichkeitsarbeit fällt vielen Leiterinnen deshalb schwer, weil sie es nicht gewohnt sind, sich und ihre Arbeit darzustellen und zu legitimieren. In einem Leiterinnenkurs entstand deshalb der Leitsatz:

„Tue Gutes und sprich darüber!"

Für unsere Kinder!

Kinder sind die *„Kleinen"* in unserer Gesellschaft, sie werden aber unsere *Zukunft mitgestalten*, mehr noch, sie sind unsere Zukunft!

Kinder sind Zukunft!

Weil Kinder unsere Zukunft sind, lohnt es sich, in sie ideell und materiell zu investieren.

So wie wir mit den Kindern heute umgehen, werden sie in Zukunft mit uns umgehen!

Öffentlichkeitsarbeit ist zugleich politische Arbeit. Leiterinnen sind die Garanten für eine qualifizierte Öffentlichkeitsarbeit.

Deshalb ist es wichtig, dass sie in diesem Bereich sowohl von den Erzieherinnen, vom Träger als auch besonders von den Eltern unterstützt werden.

90

Über das Profil der Leiterin nachzudenken, heißt: die Funktionen der Leiterin ihren Fähigkeiten, Qualifikationen oder Kompetenzen gemäß zu erkennen und zu benennen. Das Profil einer Leiterin im Kindergarten beinhaltet unterschiedliche Kompetenzen.

Im Rückblick eines Leiterinnenkurses haben die Teilnehmerinnen ihr anfanghaftes, wechselndes und perspektivegebendes Profil über den Weg der Symboldeutung zum Ausdruck gebracht.

Die folgenden Symbolbilder geben jeweils einen typischen Aspekt der Kompetenzentwicklung oder auch mehrere wieder.

Fünf Symbolbilder

Symbolbild: „Überlaufende Kanne"

Überforderung

Nicht wenige Leiterinnen hatten zu Beginn ihrer Tätigkeit sehr schnell das Gefühl, dass die *„Kanne"* ständig am Überlaufen war: Wir investierten sehr viel Kraft und Zeit (auch nach Beendigung des Dienstes und an den Wochenenden), um unsere „zusätzlichen" Aufgaben zu erledigen. Die Arbeit wuchs uns über den Kopf. Wir wollten manches anders machen und hatten auch viele Ideen, die wir verwirklichen wollten.

Der Anstoß von außen im Rahmen einer Fortbildung war für uns sehr wichtig. Besonders die Klärung der betrieblichen und organisatorischen Aufgaben wie Betriebsführung und Mitarbeiterführung war für uns sehr erhellend und ermutigend. Wir hatten den Eindruck, dass die komplexe Vielfalt der Aufgaben durch wichtige Strukturelemente transparenter und fassbarer wurde. Erst wenn die vielfältigen Bezüge und Strukturen, die Fülle der Aufgaben und deren Prioritäten klar sind, können Ziele formuliert werden, Schwerpunkte gesetzt und Arbeitsteilung bzw. Delegationen vorgenommen werden.

Rollenklarheit

Wir bekamen auch zu unserer Rolle als Leiterin wichtige Impulse. Die Annahme dieser Rolle und die Identifizierung mit Führungs- und Leitungsaufgaben ist uns anfangs sehr schwer gefallen. Es ist jedoch unumgänglich, als Leiterin seine Rolle zu kennen, sie anzunehmen und auch zu vertreten.

Die Begriffe auf den Steinen im Bild lauten:
VERWALTUNG, FORMULARE, ABLAGE, FINANZEN, DIENSTPLÄNE, TRÄGER, ELTERNABEND

Auf dem Krug steht: ELTERN, MITARBEITER, KINDER

Symbolbild: „Wasserhahn"

„Der Hahn ist zugedreht." Der Energiefluss kann durch vielfältige Störungen zum „Rinnsal" verkommen – Probleme mit dem Träger, mit den Mitarbeiterinnen, den Kindern, den Eltern ...

Erwartungen, Ansprüche

Unterschiedliche Erwartungen und Ansprüche „prallen" aufeinander. Wir haben erfahren, dass es ganz wichtig ist, klare *Ziele* zu haben und zu entwickeln. Mit unseren Zielen können wir auf Störungen besser eingehen und dem Versiegen einer sprudelnden Quelle entgegenwirken. Mit unseren Zielen wurden neue Motivationen spürbar, und die vorschnellen Ermüdungserscheinungen bzw. Resignationstendenzen traten zurück.

Symbolbild: „Offene Tür"

Öffnung nach innen und außen

Offenheit ist wichtig, um Veränderungen wahrzunehmen und zielorientiert handeln zu können.

Die Lebenssituation der Kinder und Eltern muss wahrgenommen, ihre Bedürfnisse und Erwartungen müssen ernst genommen werden. Auch Veränderungen im Berufsfeld bei den Eltern der Kinder sind zu beachten. Ferner ist es wichtig, dass wir die Lebenssituation der Mitarbeiterinnen kennen, ihre beruflichen Kompetenzen und Fähigkeiten nutzen und sie integrieren. Offenheit ist auch gegenüber allen am Kindergarten beteiligten Personen und Institutionen notwendig. Wichtig sind gegenseitige Informationen und faire Verhandlungen, damit konstruktive Lösungen gefunden werden können.

Offenheit auch, um die Fähigkeiten der anderen zu nützen und nicht lahmzulegen, damit ein gemeinsames Verantwortungsgefühl wachsen kann.

Symbolbild: „Hände"

Gemeinsam sind wir stark

„Hand in Hand" arbeiten mit den Mitarbeiterinnen, den Eltern und dem Träger! Wir streben eine Zusammenarbeit im Sinne von „Geben und Nehmen" an. Die Balance soll für alle an der Zusammenarbeit Beteiligten möglich sein. Ganz besonders wichtig ist die Zusammenarbeit im Team. Die Teammitglieder sind sehr unterschiedlich hinsichtlich ihrer Persönlichkeitsstruktur und beruflichen Entwicklung. Wir haben aber gemeinsam ein Ziel, den Auftrag des Kindergartens pädagogisch fundiert zu erfüllen.

Die Stichworte: Einfühlungsvermögen, Toleranz, Kooperationsbereitschaft und Konfliktfähigkeit sind uns sehr wichtig geworden.

Mit „Toleranz" – nehmen wir die Mitarbeiterinnen, wie sie sind! – locken wir ihre Stärken heraus und versuchen wir, mit ihren Schwächen umzugehen. Wenn uns das gelingt, haben wir ein Team, in dem sich jede(r) wohl fühlt. Mitarbeiterinnen, die einander häufig im gegenseitigen Austausch bestätigen, sind auch in Konfliktsituationen fähig, einander zu (er)tragen und aufzufangen.

Dieser Weg kann auch die Zusammenarbeit mit den Eltern aktualisieren und verbessern.

Symbolbild: „Kirche"

Das Symbolbild „Kirche" löste bei den Leiterinnen, die in einem kirchlichen Kindergarten arbeiten, das Profilbild *„Glaubenskompetenz"* aus. Stellvertretend hat eine Leiterin ihre Vorstellungen von der Glaubenskompetenz zum Ausdruck gebracht:
Ich nenne sie bewusst Glaubenskompetenz, denn sie spielt eine große Rolle in der laufenden Profildebatte um den kirchlich geprägten und speziell den katholischen Kindergarten.

Glaubens-kompetenz?

Im 19. Jahrhundert waren Kindergärten katholische Einrichtungen, wenn die Leiterin selbst katholisch war. Damals waren das in der Regel Ordensfrauen. In der heutigen Zeit zweifeln etliche Amtsträger der katholischen Kirche am Profil ihrer Kindergärten. Sie sind zwar Träger der Einrichtungen, die Leitung der Kindergärten liegt jedoch fast ausschließlich bei „weltlichen" Fachkräften. Die Leiterinnen müssen zwar katholisch sein, aber ihre Glaubenskompetenz wird ihnen oft nicht anerkannt.
Rein formal bekam auch ich die Legitimation, um in einem katholischen Kindergarten zu arbeiten, durch Taufe, Firmung und meine berufliche Ausbildung. Ich bin zwar durch die Taufe aufgerufen, an der Verkündigung mitzuwirken (1. Petrusbrief 2,5), aber die Qualität meiner christlichen Tätigkeit ist dadurch noch nicht bewiesen. Wird sie durch die Ausbildung beweisbar? Liegt es etwa an der Menge der vorbereiteten Kindergottesdienste? Oder an meinem eigenen privaten Lebenswandel?

Beispiel: Katholischer Kindergarten

Meine persönliche Glaubenskompetenz sehe ich im konkreten Alltag verankert. Damit meine ich nicht die Quantität der religiösen Erzählungen oder die Häufigkeit des gemeinsamen Betens in den Kindergruppen. Viel wichtiger ist das gelebte Vorbild, die Basis christlichen Handelns. Ausgangspunkt hierfür ist für mich der Satz in Matthäus 18,20: „Wo zwei oder drei in meinem Namen versammelt sind, da bin ich mitten unter ihnen."
Jesus lehrte uns, dass Gott uns liebt, wie wir sind. Wenn ich im Kindergarten „verkündigen" will, muss ich den Kindern zunächst erfahrbar machen, dass sie angenommen sind, so wie sie sind. *Nicht das Kind ist für den Kindergarten da, sondern der Kindergarten für das Kind.* Damit soll deutlich werden, wie eng die Glaubenskompetenz mit der Subjektwerdung verbunden ist und damit auch meine Fachkompetenz gefordert ist. In diesem Sinne wird meine Glaubenskompetenz auch nach außen wirksam.

Personalität

Subsidiarität

Nicht nur das Kind hat ein Anrecht auf Angenommensein, sondern alle Menschen, die auf irgendeine Weise mit dem Kindergarten zu tun haben. Damit beeinflusst meine Glaubenskompetenz auch meine Leitungs- und Führungsaufgaben. Mein christliches Handeln verliert an Glaubwürdigkeit, wenn es auf das Kind beschränkt bleibt.

Das Leitmotiv für mein christliches Handeln ist für mich persönlich die „Goldene Regel" aus der Bergpredigt: „Alles, was ihr von anderen erwartet, das tut auch ihnen" (Matthäus 7,12).

Solidarität   Dabei ist für mich nicht eine buchstabengetreue Gesetzesführung maßgebend, sondern das Handeln nach dem Geist des Gesetzes. Mit Recht werden Leiterinnen sagen, in diesem oder jenem Punkt kann ich mich nicht wiederfinden. Aber meiner Meinung nach trifft auch für das Profil der Leiterin zu, was nach Hejo Manderscheid für das Profil des katholischen Kindergartens gilt: „Wir brauchen kein standardisiertes katholisches Profil, sondern viele christlich geprägte Standards" (Kirchliche und gesellschaftliche Interessen im Kindergarten, Freiburg 1989).

Das Suchen und Fragen nach dem persönlichen Profil war im Verlauf des Fortbildungskurses ein wichtiger Bestandteil. Je deutlicher sich für die Einzelne der ihr gemäße, individuelle Weg herauskristallisierte, desto stärker fiel der „Normierungsdruck" (alle müssen gleich sein) ab.

Welche *Kompetenzen* sind wichtig, um die Aufgabenvielfalt so erfüllen zu können, dass:

Sinnerfüllung   – ich als Leiterin nicht auf der Strecke bleibe, sondern mit Freude und Erfül-
im Alltag   lung arbeite;
  – die Kinder gerne kommen und sich ihren Bedürfnissen gemäß entfalten können;
  – die Teamarbeit, die Elternmitarbeit und die Zusammenarbeit mit dem Träger gelingen, alle Beteiligten zufrieden sind und ihre Mitarbeit und Unterstützung sichern;
  – das Arbeitsfeld Kindergarten sich durch eine Berufs-, Sozial- und Familienpolitik für Kinder weiterentwickeln kann?

Vier Kompe-   *Stellvertretend werden hier vier Kompetenzbereiche von Leiterinnen für Lei-*
tenzbereiche   *terinnen beschrieben*, die erstrebenswert sind und eine wichtige Profilgrundlage darstellen. Die folgenden Kompetenzbereiche vertiefen die Aussagen zu den Symbolbildern.

Subjektkompetenz und Rollenklarheit

Leiterin C.H.:

Um den Begriff Subjektkompetenz zu definieren, möchte ich das Wort trennen. *Subjekt* heißt für mich, den einzelnen Menschen als eigenständige, ganzheitliche Person zu sehen, mit seinen Erfahrungen, Gefühlen und Gegebenheiten, von Gott geschaffen, mir als Mitmensch gegenübergestellt. Die Interessen jedes Subjektes können verschieden sein, trotzdem sind alle grundsätzlich gleichberechtigt.

In meinem Beruf stehen mir folgende *Subjekte* gegenüber:

Meine persönliche und berufliche Identität / Subjekte, die mir gegenüberstehen

- Das Kind, dessen Partner und Helfer ich bin, seine Identität zu finden, ihm seine persönliche Entwicklung und Entfaltung zu ermöglichen und mich als Fachfrau nicht von eigenen Ansprüchen oder irgendwelchen gesellschaftlichen Leistungsnormierungen binden zu lassen.
- Eltern als Subjekte fordern von mir, mich mit ihren Bedürfnissen, ihren Gefühlen, ihren Sorgen, aber auch mit ihrer zum Teil starken Abhängigkeit von gesellschaftlichen Zwängen auseinanderzusetzen, sie wertfrei anzunehmen.
- Jede einzelne Mitarbeiterin als Subjekt mit ihren Neigungen, ihren Bedürfnissen und Schwächen, ihren Wünschen, ihrer Suche nach Freiräumen, um sich selbst verwirklichen zu können, mit ihrer Suche nach Anerkennung und Achtung und den individuellen Erwartungen an mich als Leiterin.
- Subjekt Träger des Kindergartens. Er kann Seelsorger, Bürgermeister, Vorstandsmitglied usw. sein. Was sind seine Interessen, Sorgen und Fragen? Warum hat er den Kindergarten errichten lassen, wie groß ist sein Engagement für den Kindergarten?
- Weitere Subjekte sind die Vertreterinnen und Vertreter der öffentlichen Institutionen mit ihren Verpflichtungen und Aufgaben gemäß ihrer Dienststelle. Welche Schwerpunkte werden von ihnen gesehen und vertreten? Was ist ihnen wichtig, was fordern sie? Weil sie Subjekte sind, gilt es zunächst einmal, ihre Einstellungen zu respektieren.
- Ich selbst bin ein Subjekt und will nicht Objekt der Forderungen und Ansprüche sein. Meine Perspektiven, meine Stärken und Schwächen, auch meine körperliche und seelische Verfassung muss ich einschätzen; ich muss zu mir stehen können, mein Selbstverständnis für andere transparent machen, mich selbst als Subjekt ernst nehmen.

Kompetenz und Verantwortung

Die zweite Worthälfte *Kompetenz* bedeutet für mich: mein erworbenes Wissen in die verpflichtende Zuständigkeit einsetzen und verantwortlich handeln.

Subjektkompetenz meint: mein Gegenüber bewusst und ganzheitlich wahrnehmen, mich ernsthaft mit ihm auseinandersetzen; meine eigene Beziehung zu dem Subjekt offen halten.

Subjektkompetenz bedeutet: mich nicht vom Ehrgeiz oder von eigenen Interessen leiten lassen, sondern die Fragen, Probleme oder Aufgaben des jeweiligen Subjektes aufgreifen und gemeinsam Lösungen erarbeiten.

Subjektkompetenz ist für mich auch ein Grundstein wahrhaftiger christlicher Nächstenliebe. Um Subjektkompetenz zu erreichen, gilt es, immer offene Ohren zu haben.

Fachkompetenz

Leiterin H.St.: Voraussetzungen und Erfordernisse einer Fachfrau im Kindergarten

Die Frage, welche fachlichen Kompetenzen von der Leiterin im Kindergarten erwartet werden können oder sollen, ist schwer zu beantworten.

Für die pädagogische Arbeit hat sie eine mehrjährige, qualifizierte Ausbildung, ist sie fachkompetent. Gemeint ist die ganz konkrete Arbeit als Erzieherin in einer Gruppe mit bis zu 25 Kindern im Alter von drei bis sechs Jahren.

Für die Beratung und Zusammenarbeit mit den Eltern hat sie günstigenfalls in ihren Praktika gute Erfahrungen sammeln können.

Für die Teamarbeit, d.h. die Zusammenarbeit mit den Mitarbeiterinnen, braucht sie entweder ein gutes „Naturtalent" und/oder qualifizierte Unterstützung und Begleitung von außen.

Für die Zusammenarbeit mit dem Träger des Kindergartens braucht es sehr viel Diplomatie, Fingerspitzengefühl und Argumentationsklarheit.

Aufbaulehrgang

Für die *Rolle als* Leiterin ist neben der Ausbildung zur Erzieherin ein Aufbaulehrgang notwendig mit den Inhalten: Konzeptentwicklung, Betriebsführung, Mitarbeiterführung – Teamarbeit, Recht, Erwachsenenbildung, Öffentlichkeitsarbeit, Umgang mit Behörden, neben Aspekten der Sozial- und der Familienpolitik. Dieser Lehrgang muss für alle Erzieherinnen, die einen Kindergarten leiten wollen, zur Voraussetzung gemacht werden. Selbstverständlich sollten dann für die Leiterinnen auch die tariflichen Sätze entsprechend angehoben werden.

Fest steht, dass die Leiterin ohne Übertreibung über einen gewaltigen Berg von Wissen und Können verfügen muss. Trotzdem bin ich der Meinung, dass die Leiterin sich selbst, als Ich, als Person und Persönlichkeit, nicht vergessen darf.

Wissen

Als *Ich*, als *Person,* bringt sie sich selbst in die Arbeit ein, die ja immer zwischenmenschlich, in einer ständigen Wechselwirkung mit anderen, stattfindet.

Beziehung

Ihre Beziehung zu anderen muss getragen sein von der Achtung der Selbstwerdung des kindlichen Partners und der Achtung vor dem *So-Sein* des Erwachsenen.

Nur dann kann sie ihre fachlichen Kenntnisse und ihren Erfahrungsvorsprung einsetzen oder besser gesagt „anbieten", ohne den anderen damit zu überfahren.

Kommunikation

Nur so kann die Leiterin:
- sachliche Gesichtspunkte für ihre Entscheidung heranziehen, ohne in Sachlichkeit und Sachzwängen zu ersticken;
- ihre Wünsche und Vorstellungen verwirklichen, ohne dadurch die Arbeitsqualität des anderen zu beschneiden;
- viele und wichtige Fragen an ihre Mitarbeiterinnen richten, ohne sich schwach zu fühlen, sondern das Mitdenken und Mitplanen der anderen zu erwirken.

Wenn die Leiterin es also ernst meint mit der Subjektwerdung des anderen, dann muss sie in ihrem Verhalten eine Dimension finden, die sich auf einer Achse zwischen hoher Wertschätzung und minimaler Lenkung bewegt. Und wenn sie dem anderen sein *So-Sein und Selbst-Sein* zutraut, dann muss sie auch bereit sein, in der Auseinandersetzung mit ihm sich selbst zu verändern und weiterzuentwickeln.

Ständiges Engagement

Schon oft haben Leiterinnen geglaubt, „ihr Profil" gefunden zu haben, aber sehr wahrscheinlich bleibt das eine Lebensaufgabe. Das Profil will sich immer erneuern und weiterentwickeln.

Führungskompetenz

Leiterin B.H.: Führungskompetenz heißt für mich: Ich bin inhaltlich und organisatorisch zuständig und verantwortlich für die Führungsaufgaben im Kindergarten.

Meine bildliche Vorstellung von Führung: einen gemeinsamen Weg gehen; jemanden an der Seite mitnehmen, auf den ich mich einstelle, dessen Vorstellung ich miteinbeziehe; ich gebe die Richtung und das Ziel vor – ich muss wissen, „wohin der Weg führen soll". Bestenfalls ist das Ziel ein gemeinsam gefasster Entschluss, und „der andere" bestimmt mit, wie schnell oder langsam es vorwärts geht – je nachdem, wie sehr er unser Vorhaben unterstützt und bereichert.

Sozial-managerin Dieser „andere" kann verschiedene Gesichter haben, denn die Führungskompetenz betrifft:
- die Kinder bzw. die pädagogische Arbeit in der Einrichtung; diese kann in Form eines Konzeptes beschrieben werden, das jedoch offen ist für Veränderungen;
- die Mitarbeiterführung, die sich besonders durch Sensibilität und Offenheit, z.B. für Veränderungen, Probleme und die Entfaltung jedes Einzelnen, auszeichnet, aber auch Entscheidungsfreude, Mut zum Risiko, Flexibilität, Verbindlichkeit und Humor sind hier sehr wichtig;
- die Betriebsführung, d.h. alle organisatorischen Belange, die Zusammenarbeit mit den Eltern und dem Träger unserer Einrichtung und die Öffentlichkeitsarbeit, bei der ich als Leiterin die Form, den Inhalt und den Umfang verantworte.

Die Fähigkeiten der Leiterin In allen Bereichen der Führungsaufgaben werden mir Kompetenz, gute menschliche Eigenschaften und Fähigkeiten abverlangt wie: *Offenheit, Sensibilität, Kritikfähigkeit, Konfliktbereitschaft, Konsequenz, Disziplin, Entscheidungsfreudigkeit, Verantwortungsbewusstsein, Wissen und Können, Selbständigkeit, Selbstsicherheit, Probleme bewältigen können, beratende und unterstützende Fähigkeiten, eine klare Rollenidentifikation spürbar werden lassen.* Ganz besonders wichtig ist es, dass ich meine Rolle bejahe und fähig bin, loszulassen und die Mitarbeiterinnen und die Eltern voll einzubeziehen und ihnen Aufgaben zu delegieren.

Meine Führungskompetenz erweist sich letztlich in einem langen Prozess dann als überzeugend, wenn ich entbehrlich werde und die Mitarbeiterinnen ihre Kompetenz und Mitverantwortung zum Tragen bringen.

Repräsentationskompetenz

Repräsentationskompetenz besagt die Zuständigkeit einer Person, ihren Fachbereich und ihre Institution nach außen darzustellen und zu vertreten. Im Kindergarten ist die Leiterin beauftragt, die Repräsentation nach außen verantwortlich zu übernehmen. Ihr obliegt es in erster Linie, die Institution zu vertreten und die Konzeption transparent zu machen.

Im Volksmund heißt es: „Der erste Eindruck ist der bleibende." Das äußere Erscheinungsbild einer Leiterin hat große Bedeutung. Dabei gehe ich nicht davon aus, dass eine Kindergartenleiterin modisch und kosmetisch „durchgestylt" sein soll. Vielmehr lege ich die Betonung auf grundlegende Wertvorstellungen wie z.B. guter Umgangston, natürliche Umgangsformen, fachliche und allgemeine Selbstsicherheit (keine Lobhudelei, sachlich, fachlich, konsequent, natürlich).

Neben diesen rein subjektiv anmutenden Gesichtspunkten muss die Leiterin den Kindergarten auch in objektiver Weise darstellen können.

Dafür hat sie im Kindergarten verschiedene Möglichkeiten. Besonders hervorheben möchte ich das *Anmeldegespräch.* Hier bekommen die Eltern den ersten Eindruck von der Leiterin als Fachfrau und Vertreterin des Kindergartens.

Die Leiterin stellt sich selbst vor und zugleich das pädagogische Konzept, den „roten Faden" der Einrichtung.

Weitere Repräsentationsaufgaben übernimmt die Leiterin an den Elternabenden, bei den Elterngesprächen, wenn sie Briefe an die Eltern schreibt und wenn sie den Kindergarten in Gremien, im Stadtteil / Dorf, in der Schule und anderen Institutionen vertritt.

Wenn es jetzt um die Profilfrage der Kindergartenleiterin geht, möchte ich an einem Symbol, dem „Reifen" oder einem „Rad", erläutern, wie ich das verstehe. Um etwas als Reifen oder Rad bezeichnen zu können, muss es „ganz" oder „rund" sein. Die Beschaffenheit eines Reifens ist jedoch in der Regel sehr vielgestaltig. Jeder Reifen hat aufgrund seiner Beschaffenheit ein eigenes typenspezifisches Profil samt daraus folgenden Möglichkeiten. Ein Holzreifen wäre völlig deplaziert an einem Rennwagen. Sowohl die Materialbeschaffenheit als auch das Profil bestimmen die Funktion des Reifens. Ein Bulldogreifen muss ein weit ausgeprägteres Profil haben als z.B. ein Reifen an einem Kleinwagen. Auch äußere Einflüsse stellen Anforderungen an einen Reifen und an sein Profil. Es ist nicht gerade ratsam, sein Fahrzeug

Leiterin R.H.:

Ich stehe meine Frau

Ein Vergleich

kreativ

101

(Kindergarten) im Winter mit Sommerreifen zu bestücken. Materialbeschaffenheit und Profil zeigen schon sehr stark den jeweiligen Verwendungszweck bzw. die Brauchbarkeit eines Reifens. Auch der Faktor Zeit ist nicht ganz außer acht zu lassen. Der neue Reifen hat ein volles Profil und ist „leistungsfähig". Jedoch verliert er im Laufe der Zeit seine „rein äußere" Beschaffenheit. Er verändert sich, je mehr er gebraucht wird. Eine Profilerneuerung ist notwendig.

dynamisch   Auch die Leiterin braucht immer wieder eine Auffrischung und Erneuerung des Profils.

Die Leiterin hat im Kindergarten viele Möglichkeiten, etwas in Bewegung zu bringen.

Als sogenanntes „Antriebsrad" hat sie jedoch die Aufgabe, die Balance zu halten, aufs Tempo zu achten, um ein Kippen des Betriebes zu verhindern. Um die „Spur" zu halten, muss jedes „eigenständige Rad" sich immer wieder an den anderen orientieren. Wenn nicht, ist ein Entgleisen des „Fahrzeugs Kindergarten" leicht möglich.

flexibel   Die Leiterin als sog. Reifen bzw. Rad zu sehen, bringt mich noch auf den Gedanken, wie es mit dem optischen Zubehör aussieht. Darunter verstehe ich z. B. die oftmals ausgefallenen Radkappen.

Ist es unbedingt notwendig, möglichst exklusiv auszusehen? Ist diese Eigenschaft der Sache wirklich dienlich? Diese nachdenkliche Frage soll die kleine Betrachtung zum Profil einer Leiterin abschließen.

Fachberatung, Supervision und kollegialer Austausch

Reflexion und Beratung

Mit der Übernahme und Ausübung der Rolle der „Leiterin in einem Kindergarten" sind umfangreiche Aufgaben und vielseitige Erwartungen der am Kindergarten Beteiligten wahrzunehmen. Um im Dickicht dieser Vielfalt und der organisatorischen Zuständigkeiten (der systemischen Zusammenhänge) den nötigen Durchblick zu bekommen, wäre die kontinuierliche Begleitung durch eine Fachberaterin oder einen Fachberater sehr hilfreich. Die Fachberatung ist dem Trägerverband der Einrichtung, ob kommunal oder verbandlich, angeschlossen. Für Einrichtungen, die keinem kommunalen oder verbandlichen Träger angeschlossen sind, ist die Begleitung in Form der Supervision ratsam. Die persönliche, individuelle Begleitung in der Anfangsphase unterstützt in der jeweils konkreten Situation und klärt das Rollenbewusstsein: „Ich bin Leiterin."

Austausch und Supervision

Ermutigen möchte ich jede Leiterin, in der Anfangsphase oder nach einer langen Wegstrecke (von sechs bis zehn Jahren) in einer Gruppe mit drei bis vier anderen Leiterinnen Erfahrungen, Probleme, hoffnungsvolle Beispiele oder auch Stagnationen auszutauschen. Die Gruppe kann sich wiederum von einer Fachberaterin oder einer Supervisorin / einem Supervisor begleiten lassen oder sich kollegial austauschen. Die Wirkung dieser Erfahrungen unterstützt die eigene Arbeit und hat entlastenden Charakter.

Die Möglichkeit der Einzel- oder Gruppenreflexion stärkt das Rollenverständnis und hilft, den jeweils eigenen Weg sicherer zu gehen und zu integrieren.

Fortbildungsthemen

Jährliche Fortbildung!

Jede Leiterin sollte nach Möglichkeit jährlich eine fundierte Fortbildung besuchen können. Folgende Themen könnten für ihre Rolle bedeutsam sein:

- Einführungskurs für neue Leiterinnen (Aufgabenschwerpunkte)
- Grundlehrgang für Leiterinnen (umfassende Grundkenntnisse erwerben)
- Leitung und Teamarbeit (Mitarbeiterführung im Kindergarten)
- Konzeptionsentwicklung (wie wird's gemacht?)
- Rollenvielfalt – Rollenklärung – Rollenidentität
- Profil einer Leiterin
- Konflikte lösen, aber wie? (Konfliktmanagement)
- „Miteinander reden" (Störungen und Klärungen)

- Rechtliche, gesetzliche Grundlagen
- Büroorganisation und Aktenplangestaltung
- Organisationsentwicklung oder Teamsupervision
- Schwerpunkte der Erwachsenenbildung (Themenzentrierte Interaktion)
- Was qualifiziert mich für meine Rolle als Leiterin?
- Stressbewältigung und Entspannung im Alltag
- Menschenbild, Leitbild, Selbstbild
- Meine Stärken und Schwächen kennen und integrieren
- Das Kind in mir – meine Rollenmuster
- Fachfrau oder Sozialmanagerin?
- Frauen gegen Frauen (Elternarbeit im Kindergarten)
- Darf sich bei mir etwas verändern? (Warum ich nichts delegiere)

Stützende Hilfen

Diese und noch viele andere Themen werden im Rahmen von Fortbildungsangeboten der unterschiedlichsten Fortbildungsträger behandelt. Sie können für die Leiterin eine informative und stützende Funktion haben.

Fachliteratur, Kontaktpflege und trotz allem: Freizeit und Entspannung

Jede Leiterin sollte neben der allgemeinen Tagespresse kontinuierlich drei bis vier Fachzeitschriften mit unterschiedlichen inhaltlichen Schwerpunkten lesen. Besondere Empfehlungen erhalten Sie von der Fachberatung.

Sehr wichtig erscheint mir auch die Kontakt- bzw. Nachbarschaftspflege im Dorf oder Stadtteil. Jede Absonderung oder Abgrenzung wirkt sich nachteilig auf die eigene Einrichtung und Arbeit aus. Gemeint sind: Schule, Kirchengemeinde, andere Kindergärten und soziale Einrichtungen, Werkstatt für Behinderte, Altenwohnheime, ambulante Dienste usw.

Hilfreiche Kontakte

Abschließen möchte ich mit der Anmerkung: „Leiterin sein ist nicht das ganze Leben!" Deshalb gehört es auch zum Profil und zur Kompetenz einer Leiterin, dass sie den Feierabend nicht zu einem Fremdwort macht und am Wochenende ohne Kindergarten auskommt.

Feierabend, ein Fremdwort?

Um seelische Gesundheit, Spannkraft und Freude an der Arbeit zu erhalten, muss den Anforderungen als Leiterin im Kindergarten eine Phase der Erholung, Entspannung, der Ruhe und Sammlung in der Freizeit folgen. Zur Arbeit ist ein Gegengewicht zu schaffen. Es ist für jede Leiterin wichtig, dass sie für sich eine Balance zwischen beruflicher Anspannung und Entspannung in der Freizeit herstellt.

„Wer einmal ausgebrannt ist, kann nicht mehr brennen!"

Verschaffen Sie sich deshalb einen klar strukturierten, zielbewussten Arbeitsstil und pflegen Sie Ihre außerberufliche Zeit bewusst.

Nicht zuletzt können auch regelmäßige Übungen zur Selbstentspannung hilfreich sein. Gut geeignet ist hierfür z. B. Ursula Rücker-Vogler, Yoga und Autogenes Training mit Kindern, Don Bosco, München 1995. Die persönliche Einübung bringt Ihnen ja auch noch den Nutzen, diese Spiele und Übungen Ihren Kindern weitergeben zu können.

Zum Schluss danke ich noch einmal allen Teilnehmerinnen der von mir durchgeführten Leiterinnenkurse in Nürnberg und München, dass sie ihre Ergebnisse und Beiträge zur Verfügung gestellt haben.

Dieses Buch von „Leiterinnen für Leiterinnen" mag viele anregen und ermutigen, selbst einen Kindergarten im hier vorgestellten Sinne zu leiten.

Literaturliste

Bayerisches Staatsministerium für Arbeit und Sozialordnung, Familie, Frauen und Gesundheit, München: Waldkindergarten Lohr. Konzeption als Tischvorlage

Becker-Textor, Ingeborg: Der Dialog mit den Eltern, Don Bosco, München 1994

dies. (Hrsg.): Netz für Kinder. Wie Eltern Kindergruppen auf die Beine stellen können, Freiburg 1995

Berger, Irene / Colberg-Schrader, Hedi / Krug, Marianne / Wunderlich, Theresia (Hrsg.): Land-Kinder-Gärten, Lambertus, Freiburg 1992

Bröder, M.: Gesprächsführung im Kindergarten, Freiburg 1993

Cohn, Ruth C.: Von der Psychoanalyse zur themenzentrierten Interaktion, Klett-Cotta, Stuttgart 1981

Colberg-Schrader, Hedi / Krug, Marianne / Pelzer, Susanne: Soziales Lernen im Kindergarten, Kösel, München 1991

Deutsches Jugendinstitut (Hrsg.): Orte für Kinder, DJI, München 1995

Domscheid, Stefan / Kühn, Marion: Die Kindergartenreform, Campus, Frankfurt 1984

Dübjohann, Maria: Kompetenz durch Supervision, Don Bosco, München 1993

Eissing, Regula: Spielzeugfreier Kindergarten, Don Bosco, München 1996

Etzioni, Amitai: Soziologie der Organisationen, Juventa, München 1978

Fallner, Heinrich / Gräßlin, Hans-Martin: Kollegiale Beratung, Busch, Hille 1990

Fischer, Helga: Teamarbeit im Kindergarten, Herder, Freiburg 1983

Forum Caritas: Kommunikation von Non-Profit-Organisationen, Don Bosco, München 1997

Forum Caritas: Pädagogik in Bewegung, Don Bosco, München 1997

Francis, Dave / Young, Don: Mehr Erfolg im Team, Windmühle, Hamburg 1996

French, W.L. / Bell, C.H.jr.: Organisationsentwicklung, Haupt, Bern / Stuttgart 1990

Geißler, Karlheinz A. / Hege, Marianne: Konzepte sozialpädagogischen Handelns, Beltz, Weinheim 1988

Gordon, Thomas: Familienkonferenz, Rowohlt, Reinbek 1982

ders.: Managerkonferenz, Rowohlt, Reinbek 1982

Haberkorn, R. / Hagemann, U. / Seehausen, H. (Hrsg.): Kindergarten und soziale Dienste, Lambertus, Freiburg 1988

Haefele, Bettina / Wolf-Filsinger, Maria: Aller Kindergarten-Anfang ist schwer, Don Bosco, München 1994

Hederer, Josef: Spannungsfeld Erziehung, Don Bosco, München 1993

Hofstätter, Peter R.: Gruppendynamik, Rowohlt, Reinbek 1971

Hundmeyer, Simon: Recht für Erzieherinnen und Erzieher, TR Verlagsunion, München 1992

Huppertz, Norbert: Wir erstellen eine Konzeption, Don Bosco, München 1996

Junker, Helmut: Das Beratungsgespräch, Kösel, München 1978

Knebel / Raschke: Taschenbuch für Personalbeurteilung, Sauer, Heidelberg 1983

Krappmann, Lothar: Soziologische Dimensionen der Identität, Klett-Cotta, Stuttgart 1971

Krenz, Armin: Kompetenz und Karriere, Herder, Freiburg 1995

ders.: Die Konzeption, Herder, Freiburg 1996

ders.: Der „Situationsorientierte Ansatz" im Kindergarten, Herder, Freiburg 1996

Leupold, E. M.: Handbuch der Gesprächsführung, Herder, Freiburg 1995

Lotmar, Paula / Tondeur, Edmond: Führen in sozialen Organisationen, Haupt, Bern / Stuttgart 1991

Mahlke, W. / Schwarte, N.: Raum für Kinder, Beltz, Weinheim / Basel 1989

Manderscheid, Hejo: Kirchliche und gesellschaftliche Interessen im Kindergarten, Herder, Freiburg 1989

Miedzinski, K.: Die Bewegungsbaustelle. Kinder bauen ihre Bewegungsanlässe selbst, Modernes Lernen, Dortmund 1989

Münder, Johannes: Beratung, Betreuung, Erziehung und Recht, Votum, Münster 1991

Riemann, Fritz: Grundformen der Angst, Ernst Reinhardt, München 1979

Rücker-Vogler, Ursula: Yoga und Autogenes Training mit Kindern, Don Bosco, München 1995

Sahlinger, Udo: Aufsichtspflicht und Haftung in der Kinder- und Jugendarbeit, Votum, Münster 1992

Schubert, Elke / Strick, Rainer: Spielzeugfreier Kindergarten, Aktion Jugendschutz – Landesarbeitsstelle Bayern e.V., München

Schulz von Thun, Friedemann: Miteinander reden 1, Rowohlt TB, Reinbek 1981

Seehausen, H.: Familie – Arbeit – Kinderbetreuung. Berufstätige Eltern und ihre Kinder im Konfliktdreieck, Leske + Budrich, Leverkusen 1995

Simon, Heide / Hungs, Franz-Josef / Singer, Ursula: Unser Kindergarten ist keine Insel, Don Bosco, München 1997

Strätz, R. / Gloth, V.: Spiel-Platz. Zur Gestaltung des Außengeländes von Kindergärten, Sozialpäd. Institut, Köln 1991

Tannen, Deborah: Du kannst mich einfach nicht verstehen, Goldmann, München 1993

Textor, Martin R.: Kind, Familie, Kindergarten, Don Bosco, München 1992

ders.: Projektarbeit im Kindergarten, Herder, Freiburg 1995

Von Schonebeck, Hubertus: Ich liebe mich so, wie ich bin, Kösel, München 1983

Watzlawick, Paul: Die Möglichkeit des Andersseins, Huber, Stuttgart 1986

Wolf, Doris: Ängste verstehen und überwinden, PAL, Mannheim 1989

Wunderlich / Zwicker-Pelzer / Krug / Haberkorn / Erath / Kesberg / Textor: Mit Eltern für Kinder. Beiträge zur konzeptionellen Weiterentwicklung der Elternarbeit kath. Tageseinrichtungen für Kinder im Erzbistum Köln, Schriftenreihe des Diözesan-Caritasverbandes Köln Nr. 24

Zentralverband katholischer Kindergärten und Kinderhorte Deutschlands e.V.: Zum Selbstverständnis von Tageseinrichtungen für Kinder in katholischer Trägerschaft, Freiburg 1989